Paul Geyer

Kritische und sprachliche Erläuterungen zu Antonini Placentini Itinerarium

Paul Geyer

Kritische und sprachliche Erläuterungen zu Antonini Placentini Itinerarium

ISBN/EAN: 9783743657540

Hergestellt in Europa, USA, Kanada, Australien, Japan

Cover: Foto ©ninafisch / pixelio.de

Weitere Bücher finden Sie auf **www.hansebooks.com**

Kritische und sprachliche Erläuterungen

zu

Antonini Placentini Itinerarium.

─◇◇◇──

Inaugural-Dissertation

zur

Erlangung der philosophischen Doktorwürde

an der

Universität Erlangen

von

Paulus Geyer.

───→── ──◄◆►── ──◄── ──

Augsburg.

Druck von Ph. J. Pfeiffer.

1892.

Druckfehler und Berichtigungen.

S. I Zeile 6 v. o. lies **R.** Röhricht.

„ III „ 14 v. u. lies cellulae.

„ IX Anm. Zeile 2 v. u. lies pervigili.

„ 4 Zeile 4 v. u. lies partes.

„ 13 „ 2 v. o. lies virtutis.

„ 14 „ 1 v. u. ist das Komma nach **oder** zu tilgen.

„ 16 „ 17 v. o. lies **371.**

„ 18 „ 20 v. u. lies ἑαυτῶν.

„ 20 „ 8 v. u. lies Lat. Stil. 6. **Aufl.**

„ 29 „ 15 v. o. ist fontem antequam zu tilgen.

„ 33 „ 6 v. o. lies **Waudreg.** statt Hugb.

„ 34 „ 21 v. o. lies (= cellolae).

„ 36 „ 2 v. o. ist nach postun G ausgefallen.

„ 37 „ 6 v. o. lies in lat. et long.

„ 41 „ 15 v. o. ist als ältester Beleg für melum Anthimus 84 hinzu-
zufügen.

„ 57 „ 15 v. o. lies Georges.

„ 73 „ 8 v. u. lies 3. **Dekl.**

Einleitung.

Durch seine im Jahr 1889 bei H. Reuther in Berlin erschienene Ausgabe des etwa 570 n. Chr. geschriebenen Itinerarium Antonini Placentini mit deutscher Übersetzung hat sich J. Gildemeister das Verdienst erworben, die erste brauchbare Ausgabe dieser wichtigen Reisebeschreibung geliefert zu haben. Zwar fehlte es auch vordem nicht an Ausgaben (siehe Gildem. S. XVI f.*) und A. Röhricht in der Bibliotheca geographica Palaestinae). Unsere Schrift wurde zuerst 1640 in Angers, dann 1680 in den Acta Sanctorum gedruckt, von Titus Tobler 1863 wieder herausgegeben und in einer neuen Bearbeitung nebst einer nachträglichen Vergleichung von vier minderwertigen, jüngeren Handschriften von A. Molinier in die „Itinera et descriptiones terrae sanctae lingua Latina saec. IV—IX exarata, ed. T. Tobler, Genevae 1877" aufgenommen. Aber während die Veranstalter dieser Ausgabe sich über den Wert und das gegenseitige Verhältnis der Handschriften nicht nur selbst kein Urteil gebildet hatten, sondern auch in den meisten Fällen ganz im Unklaren darüber ließen, was jede einzelne Handschrift bietet, hat Gildem. über diese Punkte größere Klarheit verbreitet. Mit richtigem Blick hat er erkannt, daß zwei Familien von Handschriften scharf auseinanderzuhalten seien, von denen die erstere dem Original näher steht, während die zweite sich als eine vielfach willkürlich umgestaltete Rezension des Textes erweist. Von den beiden Vertretern der 1. Klasse war von Tobler nur die eine Handschrift der Stiftsbibliothek von St. Gallen No. 133 (G), nach Gildem. S. VII aus dem VIII. oder spätestens der 1. Hälfte des IX. Jahrhunderts stammend, beigezogen, aber weder in ihrer vollen Bedeutung erkannt noch genau verglichen worden. An Alter steht dem Codex G wenig nach eine zweite, ehemals dem Kloster Rheinau gehörige Handschrift R, jetzt in der Kantonalsbibliothek in Zürich, welche der berühmte Schreiber Reginbert († 846) von dem nachmals 838 zum Abt von Reichenau erhobenen Walafrid, den er in dem Verzeichnis der von ihm gefertigten Abschriften als frater noster bezeichnet, also jedenfalls vor 838, als Geschenk erhielt. Somit stammt Cod. R jedenfalls aus dem Anfang

---

*) Wo indes P. Wesseling, Vetera Romanorum itineraria, Amstelod. 1735 übersehen ist.

des IX. Jahrhunderts (vgl. Gildem. S. IV ff.). Gildem. hat das Verdienst, diesen zweiten Vertreter der Familie α wieder entdeckt und zuerst benützt zu haben.

Das charakteristischste Merkmal dieser Familie α ist, daß sie allein den Text in der richtigen Ordnung bietet, während in allen anderen Handschriften, die sich dadurch als aus einer zweiten Quelle geflossen erweisen, durch unrichtiges Umblättern c. 1, S. 1, 7 — c. 2, S. 2, 15 mit c. 2, S. 2, 16 — c. 4, S. 3, 19 vertauscht sind. Zu diesem äußerlichen Merkmal kommt, daß die Handschriften der zweiten Familie β schwer verständliche oder fehlerhaft überlieferte Stellen weg= lassen und durch Übertünchung der Schwierigkeiten einen lesbaren und grammatisch korrekteren Text herzustellen suchen, andrerseits aber Zusätze von zweifelhaftem Wert enthalten. (Beispiele bei Gildem. p. III f.) Treffend bemerkt über solche Umgestaltungen W. Arndt S. 48 in der Vorrede zur Vita Hugberti (Kl. Denkm. a. d. Merov. Zeit, Hannover 1874): „Der Aufschwung der Wissenschaften unter Karl dem Großen richtet sich vornehmlich dahin, das Rauhe und Abstoßende von den alten Denkmälern abzuschleifen, denselben gewissermaßen ein ganz neues Gewand anzuziehen. Man teilt sie in Lektionen, man verändert den Eingang (auch im It. Anton.), läßt im Text aus oder setzt zu, je nach dem besonderen Bedürfnis." Charakteristisch hiefür sind die Worte Regino's Mon. Germ. I p. 566: Haec, quae supra expressa sunt, in quodam libello reperi plebeio et rusticano sermone com- posita, quae ex parte ad latinam regulam correxi, quaedam etiam addidi, quae ex narratione seniorum audivi.

Tuch, Antoninus Martyr, seine Zeit und seine Pilgerfahrt nach dem Morgenland S. 18 weist nach, daß in unserer Schrift der Text auch sonst öfters durch Versetzung von Stellen in Unordnung geraten ist. Solche Vertauschungen, mögen sie nun durch unrichtiges Umschlagen von Blättern oder durch falsche Einfügung von Randnotizen entstanden sein, gehen an mehreren Stellen durch alle Handschriften hindurch, während an der oben erwähnten umfangreichsten (genau 21 Zeilen auf beiden Seiten) die Klasse α die richtige Ordnung bietet. Möglich wäre auch, daß Antonin sich seine Notizen während der Reise auf Zettel machte, und daß diese durcheinander kamen, wie Rudolf von Fulda von Mago, dem Biographen der h. Leoba sagt: ‚confusa omnia et sparsim in scedulis adnotata reliquerat', Mon. Germ. XV, pars I, p. 118.

Ein eklatantes Beispiel liegt in c. 6 vor, wo die Stelle S. 5, 3 quae vocata est — 5, 9 in civitatem, welche von dem samaritanischen Neapolis handelt, nicht in die Beschreibung der Umgebungen des Sees Tiberias paßt, sondern mit c. 8 verbunden werden muß. Ohne jede weite Änderung des Textes ist einfach von 5, 3 auf 5, 9 überzugehen: De Thabor venimus ad mare Tiberiadis in civitatem Tiberiada, in qua sunt u. s. w. und die hier eingeschobene Stelle in c. 8 in der Weise einzusetzen, daß S. 6, 16 nach den Worten in civitatem Sebaste gleich fortgefahren wird quae vocata est in tempore Samaria, modo vero dicitur Neapolis.

Der von Tuch mit den Worten: „Übrigens muß es weiteren
Studien über Antoninus vorbehalten bleiben zu bestimmen, ob
überhaupt und welche Stellen des Buchs ihre ursprüngliche Klarheit
auf den hier versuchten Wegen wiedererlangen können" gegebenen
Anregung folgend, glaube ich mit Bestimmtheit c. 12, S. 10, 5—11
als eine solche an unrechter Stelle eingefügte Notiz bezeichnen zu
können. Wie das obige Einschiebsel enthält die Stelle 6 Zeilen,
aber 63 Wörter, während jenes 56 hatte. Weiter unten S. 34
werde ich auf die merkwürdige, teilweise wörtliche Übereinstimmung
mit Theodosius § 52 zurückkommen. Es fragt sich nun: hat Theo=
dosius Recht, wenn er das Kloster, von dem hier die Rede ist, in
die Nähe des Tempels von Jerusalem versetzt oder Antonin, der es
ans Ufer des Jordans verlegt? Vielleicht vereinigte Antonin in
seiner Erinnerung das Kloster von St. Saba mit seinen zahlreichen
Felsengrotten (Schubert, Reise ins Morgenl. III, 98 ff.) mit dem in
Jerusalem und brachte so die Verwirrung herein. Einen sicheren
Anhaltspunkt aber, daß dieser Passus nicht zu den Umgebungen des
Jordans, sondern nach Jerusalem gehört, bieten die Schlußworte
S. 10, 10 in ipso loco dicitur esse sudarium, quod fuit in fronte
domini; denn wie soll das sudarium ins Jordanthal gekommen sein?
Arculfus will es (S. 153) mit eigenen Augen gesehen haben in einer Kirche
zu Jerusalem, leider sagt er nicht in welcher, und Petrus Diaconus
berichtet S. 120, freilich aus trüber Quelle, es sei von Jerusalem
zur Zeit des Kaisers Tiberius nach Rom gebracht worden. Soviel
aber geht aus beiden Stellen hervor, daß wir es im heil. Land
nirgends anders als in Jerusalem suchen dürfen. Nun berichtet
Antonin wie Theodosius von einem Frauenkloster in der Nähe der
Marienkirche auf Zion, S. 17, 1: Ibi est monasterium feminarum.
Vidi testam de homine inclusam in locello aureo ornatam ex gemmis,
quam dicunt, quia de sancta martyra Theodote esset, in qua multi
pro benedictione bibebant et ego bibi. Der mit vidi beginnende
Satz ist mit dem vorangehenden nicht verbunden; dadurch verrät sich
die Lücke, in welcher die Worte S. 10, 5 ff. Platz finden: „in qua sunt
celluae septem cum septem virgines — faciem quidem nullius videntes.
In ipso loco dicitur esse sudarium, quod fuit in fronte Domini. Vidi
testam u. s. w. So steht das vidi im Gegensatz zu dicitur.
Unter den zahlreichen miracula in der Marienkirche auf Zion
zählt Antonin S. 16, 15 auch auf: In ipsa columna est cornu illud,
de quo reges unguebantur et David. Ibi est in ipsa ecclesia et
corona de spinis, qua coronatus est dominus, et lancea, de qua in
latere percussus est dominus. Ibi sunt et lapides multae, cum quas
lapidatus est beatus Stephanus.
Die Dornenkrone wird unter den Reliquien dieser Kirche auch
im Breviarius S. 35, 45 (Gildem.) erwähnt. Die Lanze dagegen,
mit welcher die Seite des Herrn durchbohrt wurde, ist nach dem
Breviarius 33, 10 in der basilica Constantini auf Golgatha: et est
in media basilica lancea, unde percussus fuit dominus J. Chr. in

latus suum. Damit stimmt auch Arculfus S. 153 überein. Möglich ist, daß bei Antonin ein Gedächtnisfehler vorliegt, und daß er die beiden Kirchen verwechselte, da er die miracula aus der Erinnerung aufzählt, vgl. S. 17, 1 et multa alia miracula, quae non recolo. Vielleicht verwechselte er auch zwei ähnliche Gegenstände, indem er in der Zionskirche das Rohr sah, mit welchem der Herr aufs Haupt geschlagen .wurde (Petr. Diac. S. 120 arundo, cum qua caput eius percussum est). Der Breviarius sagt: Et ibi est illa virga inclusa §, hat aber hier eine Lücke.

Am meisten befremdet aber, daß das Horn, mit dem die Könige gesalbt wurden, in die Zionskirche verlegt wird, und daß es „in columna" war. „An der Säule" übersetzt Gildem., aber wie man sich die Verbindung des Horns mit der Säule zu denken hat, ist jedenfalls sehr unklar. Nach einstimmiger Überlieferung wurde das Horn in der Kreuzeskirche Constantins aufbewahrt, Silvia S. 96, 13: At ubi autem osculati fuerint crucem et pertransierint, stat diaconus, tenet anulum Salomonis et cornu illud, de quo reges unguebantur, ebenso im Auszug des Petr. Diac. 117 und im Breviarius S. 35, 45. S. 14, 18 beschreibt Antonin das cubiculum, ubi lignum crucis repositum est. Vielleicht trug er am Rande noch nach in ipso cubiculo est illud cornu u. f. w. Ein Schreiber machte. daraus in ipsa columna, und so kam die Notiz statt an den Schluß von cap. 20 in cap. 22.

S. 29, 22: Exinde venimus in Sochot et exinde descendimus in Magdalum, etiam in locum ad LXXII palmas (= Elim) u. f. w., so Gildem. nach R. G hat: Exinde venimus Magdolo etiam et ad locum ad LXX palmas; β: de quibus locis venimus Magdalo et Sochot et ad LXXII p.

In G fehlt also Sochot, in β ist es der geographischen Ordnung entsprechend nach Magdalo gestellt. Da die richtige Ordnung wäre (von Pharan aus, woher Antonin kommt) ad locum ad LXX Palmas (= Surandala S. 30, 2 oder Arandara Petr. Diac. S. 139), Magdolo, Sochot (vgl. Silvia S. 47), da ferner die Erwähnung von Magd. und Soch. vor der von Clysma verfrüht ist, so ist wohl S. 29, 22 zu schreiben: Exinde venimus ad locum ad LXX palmas nnd am Anfang von c. 43 einzusetzen: Exinde venimus <Magdalo et Sochot> et inde per eremum ad speluncam b. Pauli, hoc est Syracumba, qui (G quae) fons usque hactenus rigat.

Aber auch sonst sind viele Fehler den beiden Familien α und β gemeinsam, nebst den allen Handschriften gemeinsamen Umstellungen ein sicherer Beweis, daß auch der Archetypus x nicht die Handschrift Antonins gewesen sein kann; z. B. 3, 1 permanere R G permanet β für per mare (Gildem.); 11, 8 vinum potiston R, postun G, potiscon oder potissimum β (wahrscheinlich παυστιχόν, siehe unten S. 36); 15, 7 horum ampullae R G, has ampullas β, was offenbar nur eine schlechte Konjektur ist, von Gildem. schön emendiert oram ampullae; 31, 5 iterum für integrum (wie ich unten S. 67 beweisen

werbe)*) u. ſ. w. An anderen Stellen kann man mit Gewißheit
annehmen, daß β einen der Emendation trotzenden Fehler vorfand,
weil nur dies der Grund zur Auslaſſung geweſen ſein kann, wie
z. B. 14, 4 sub solus (R, sub solas G) aureos und die ganze
ſchwierige Stelle 29, 12—20, die nur durch α überliefert iſt. Ge-
meinſam ſind beiden Familien auch ſicher mehrere Lücken, ſo gleich
2, 9 und 28, 15 (auch von Gildem. angenommen); ich nehme ferner
Lücken an 2, 16; 3, 17; 5, 20; 10, 12; 16, 9; 21, 4; 24, 6;
25, 19; 28, 14 ff. Alle dieſe Fehler müſſen alſo ſchon in der ge-
meinſamen Quelle von α und β, die wir mit x bezeichnen wollen,
geſtanden haben.

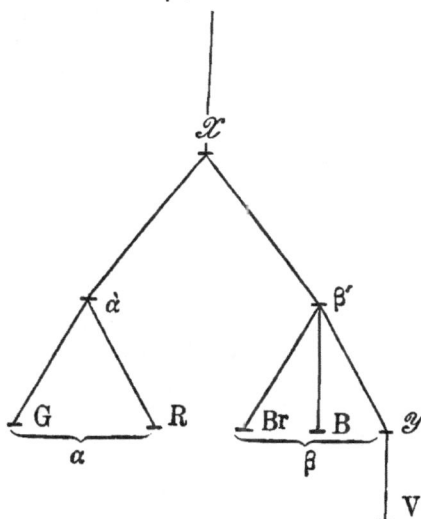

Andere Lücken aber finden ſich nun wieder nur in G und R und
müſſen durch β ausgefüllt werden; dieſe Lücken können alſo noch
nicht in x geweſen ſein, da ſie ſonſt auch auf β übergegangen wären,
ſondern laſſen auf eine R und G gemeinſame aber aus x abgeleitete
Quelle ſchließen; dies Zwiſchenglied wollen wir mit α' bezeichnen.
Dieſe Lücken, von Gildem. zum Teil S. XXII angegeben, ſind 1, 7
deinde; 3, 13 ubi sedebat; 5, 19 in vor ista; 15, 3 ad vor adorandum; 18, 2 de vor petra; 18, 10 habet nach qui; 20, 7 venimus
nach maiorem und 31, 2 si vor impletum; dagegen macht mir das
von Gildem. auch hieher gerechnete 26, 2 amarescente aqua illa in
modum fellis gegen in felle R G mehr den Eindruck einer Verdeut-
lichung der prägnanten Kürze des Originals.

Dazu kommen noch einige gute Lesarten in β, aus denen R G ver-
beſſert werden kann. Daß 13, 5 β allein die richtige Worttrennung
hat, talea stat, während R und G, alſo auch α', haben tale astat,

ift möglicherweise eine gute Konjektur, wie sicher 20, 7, wo R portam
iure, β portam iorem oder ioram (wahrscheinlich dachte der Schreiber
an den König Joram) hat, der Fehler also auf die gemeinsame Quelle
von R und β, also x, zurückgeht, die richtige Lesart maiorem in G
nur dem gesunden Verstand des Schreibers ihren Ursprung verdanken
kann. 27, 5 halte ich die von Gildem. gebilligte Lesart von β ad
speluncam gegen ad locum ad speluncam R oder ad locum speluncae
G nur für eine willkürliche Änderung. Aber 3, 12 hat β allein
das seltene Wort amola überliefert (nur bekannt aus Vulg. 3
reg. 7, 40 u. 45), während R anula, G a multis hat: das kann
kaum eine Emendation des Schreibers sein, sondern muß aus x
geflossen sein; 5, 13 hat β richtig pertransit gegen pertracide G,
pertrahit R; 2, 2 fuit studium gegen est R G; 24, 16 dicebant
gegen dicebat R G; 31, 5 permittunt gegen permittit*).

Dies nötigt gegen Gildemeisters Behauptung Stellung zu nehmen
(S. XXII): „Von diesem Text (α, der durch R G repräsentirt wird)
allein, und nicht etwa von einem ihm parallel stehenden, geht die
Umarbeitung aus, welche in den Handschriften der Classe β enthalten
ist," und weiter unten: „Wo R und G auseinandergehen, folgt β
bald dem einen, bald dem andern, doch nicht so, daß sein Beitritt
für diesen oder jenen entschiede."

In der That gehen G und R an vielen Stellen auseinander,
namentlich weisen beide, jede für sich, eine Anzahl von Lücken auf.
G hat nicht weniger als 60, darunter 10 größere, die durch Homoiote=
leuton entstanden sind: 11, 4; 13, 1; 15, 5; 19, 2; 23, 8; 25, 3;
29, 3; 29, 21; 30, 8; 33, 16.

R hat dagegen 25 — 28, und wie an Zahl sind sie auch meist
an Umfang geringer; die größten sind 2, 17 und 31, 20; durch
Homoioteleuton sind zu erklären 6, 7; 7, 20; 11, 12; 17, 7; 26, 19.
Schon aus diesem äußerlichen Umstand geht hervor, daß R sorg=
fältiger geschrieben ist als G, und daß die eine Handschrift aus der
anderen oft ergänzt werden muß. Charakteristisch für die Hand=
schrift R ist, daß vielfach die Vulgarismen von dem gelehrten Schreiber
korrigiert wurden, soweit es mit einer leichten Änderung geschehen
konnte, also namentlich in Kasus und Genus.

Nicht zahlreich sind die Stellen, an denen R einen besseren Text
bietet als G oder G und β. Unstreitig steht unter diesen oben an
die von Gildem. S. XXI im entgegengesetzten Sinne besprochene und
durch eine unglückliche Vermutung verunstaltete Stelle 19, 21, wo,
wie unten gezeigt werden soll, die Lesart von R servorum dei; viri
multi virtutum die ursprüngliche ist. Auch S. 5, 2 macht die Be=
zeichnung des Buchs der Könige als liber regrorum, welche der
Itala angehört, und auch bei Silvia S. 40, 8 gebraucht wird, den
Eindruck höheren Alters und somit größerer Ursprünglichkeit als der

---

*) Ich rechne auch 11, 3 hieher, wo β allein die vulgäre (italienische) Form
modia gegen R G modios aufweist.

mit der Vulgata übereinstimmende Titel in G und β liber regum,
ferner 22, 16 Samson in maxilla asini cecidit mille viros gegen
G β cum maxilla (ἐν in der Septuag); 4, 20 endlich schreibt R, und
mit geringfügiger Änderung der Wortstellung auch β: ubi dictum
est a discipulo, während G hat ubi Petrus dixit ad dominum nach
Matth. 17, 4; Marc. 9, 5 und Luc. 9, 33 wo Petrus mit Namen
genannt wird. Da es sich aber an den 3 letztgenannten differieren=
den Stellen um Bibelzitate handelt, so ist wohl möglich, daß jeder
der verschiedenen Schreiber die Bibelzitate nach der ihm geläufigen
Übersetzung wiedergab. Etwas anders steht die Sache bei 8, 2 In
ipsa valle Elias inventus est, quando ei portabat corvus panem et
carnes. Wenn hier G hat portabit, so beabsichtigte er sicher nicht das
Perfekt, sondern es ist ein bloßer Schreibfehler für das Impfkt, wie
auch Silvia S. 61, 2 hat iusso Dei corvi escam portabat, von
Gamurini nach Vulg. und Septuag. lib. III reg. 17, 6 geändert in
corvi portabant (Vulg. deferebant, Sept. οἱ κόρακες ἔφερον). Aber
da die Itala und unsere Stelle nur von einem Raben sprechen, so
hat Cholobniak mit Recht corvus ei escam portabat geschrieben, und
ich hätte mich in meinen Krit. Bem. zu Silvia, Augsburg 1890
S. 54 nicht dagegen aussprechen sollen. S. 5, 3 ist wohl mit
R ,ʲ modo gegen G nunc zu schreiben. Wenn 6, 19 G segregatio
gegen R β exsecratio und 19, 6 orientem gegen R β occidentem hat,
so sind dies unfreiwillige Fehler, wie sie in dem nachlässig geschrie=
benen G oft vorkommen.

An einer Stelle hat R eine Randbemerkung, S. 28, 12 burdones qui in montibus molent, am Rand alias manent. Von einer
solchen Randglosse rührt es wohl auch her, wenn 29, 6 in den Text
von R geraten ist unguebant plantas nostras, unguebant pedes.

Abgesehen von den Lücken in G, zu deren Ausfüllung uns R
unentbehrlich ist, werden wir, wie ich bei Behandlung der einzelnen
Stellen nachweisen werde, nur selten in der Lage sein, wenn R und G
oder R und G β mit einander im Widerspruch stehen, R zu folgen,
sondern werden meistens G beitreten müssen. Außer bloß formalen
oder orthographischen Differenzen bietet G allein richtige Lesarten
4, 2 sedit; 6, 5 curandus; 8, 4 in proximo; 8, 16 iactatum; 9, 17 opobalsamo (geschrieben ist aput balsamo); 11, 1 magni; 11, 5 dimittitur;
10, 20 lapides illos; 15, 6 offertur; 17, 6 veninus; 25, 15 a parte(s)
Aethiopiae; 26, 20 pedis; 29, 33 applicavimus; 30, 6 infra se.

Die Lesart von G findet in β ihre Bestätigung: 2, 8 unde
surgit; 3, 19 lavavimus; 4, 18 und 5, 1 in circuitu; 9, 3 mirabilia
fient; 9, 22 multas und sindonis; 13, 9 excisus; 16, 4 mirabilia;
19, 6 ad vor occidentem; 19, 7 civitatem; 20, 4 lavantur; 21, 17
depositio celebratur; 25, 8 cuius me causa; 25, 12 in vor interiorem
und loca; 26, 16 et vor eremitarum; 27, 11 in vor quo loco; 27, 15
cellulae; 31, 1 oleum, qui und 5 quem; 31, 2 reiterare; 34, 3 nos inde.

An manchen Stellen liegt es offen auf der Hand, was R und
öfters auch β zur Änderung veranlaßt hat; besonders lehrreich ist

4, 2; 8, 4; 9, 17; 11, 5 und insbef. 25, 15. So kann ich mich mit Gildem. nicht einverstanden erklären, wenn er S. XXIII sagt: „Es ist deshalb der Text lediglich auf R G gegründet, und da es unmöglich ist, einem von beiden ausschließlich zu folgen, so war bei ihnen ein eklektisches Verfahren einzuschlagen". Das eklektische Verfahren Gildemeisters ist ein allzu willkürliches, nimmt auf den Sprachgebrauch namentlich viel zu wenig Rücksicht. Dazu kommt, daß er als Entdecker der Handschrift R eine leicht erklärliche Vorliebe für dieselbe hat, und daß dadurch sein Urteil an vielen Stellen zu Gunsten von R gegen G getrübt wird.

Nach dem oben aufgestellten Stammbaum der Handschriften ist es aber auch unmöglich die Familie β so ganz außer Acht zu lassen, wie Gildem. gethan hat. Von den Handschriften dieser Klasse kommt eigentlich nur die Brüsseler 2922 (Br) in Betracht, deren erste Hälfte in der 2., deren 2. Lage in der 1. Hälfte des 9. Jahrhunderts geschrieben ist. Das Fragment M, Monacensis 19149 stimmt fast ganz mit Br überein, B Bernensis n. 582 aus dem 10. Jahrhundert ist infolge der willkürlichen Textesänderungen, die sich der sprachkundige Schreiber erlaubte, ganz unbrauchbar, und das gleiche gilt in noch höherem Grade vom Vaticanus V 636 aus dem 13. Jhdt., welcher wieder eine weitere Verschlechterung des Textes β bietet. Das Zeugnis der Brüsseler Handschrift ist uns oft von hohem Wert als Bestätigung der Lesarten von G oder R, wenn natürlich auch in erster Linie ratio und Sprachgebrauch entscheiden müssen und β mit Vorsicht zu benützen ist. S. 10, 6 ist z. B. aus β, freilich mit Zuhilfenahme eines anderen Grundes, mit Sicherheit zu entscheiden, daß cod. G Recht hat, welcher von einem Nonnenkloster, gegen R, welcher von einem Mönchskloster spricht.

Noch öfter wird uns Br behilflich sein, um zu entscheiden, ob Verstöße gegen die Grammatik, die sich namentlich in G finden, „dessen Text, was Orthographie und Grammatik betrifft, in sehr verwahrlostem Zustand ist" (Gildem. S. VII), dem Schreiber von G zur Last fallen, oder ob sie noch weiter hinaufzurücken sind, zum mindesten bis nach x, wenn nicht gar bis auf Antoninus selbst. Weiter unten wird der Nachweis geführt werden, daß viele vermeintliche Fehler Vulgarismen sind, die auch sonst wohl bezeugt sind, und zwar nicht nur aus der Zeit des Antonin und seiner Abschreiber (6.—8. Jahrhundert), sondern zum Teil sich bis ins archaische Latein zurückverfolgen lassen.

Gildemeister freilich hält von diesen philologischen Kleinigkeiten wenig; in seiner Ausgabe des Theodosius, Bonn 1882 hat er stillschweigend die „richtigen" Endungen in den Text gedruckt, öfters ohne nur anzugeben, welche Endung in den Handschriften überliefert ist. In der Ausgabe des Antonin kann man jedoch wenigstens aus der adnotatio critica ersehen, was in den Handschriften steht. Zu einer festen Ansicht über die schwierige Frage, was den Abschreibern und was dem Antoninus selbst zur Last zu legen sei, ist Gildem. indes nicht gekommen, was aus seinen unklaren und sich widersprechenden Andeutungen hervorgeht. So äußert er sich S. XXIII: „Rückſichtlich der Orthographie ſind die Grundſätze befolgt, die ſchon in der Vorrede zum Theodoſius S. 11 angegeben ſind", als ob es ſich dabei lediglich um die Orthographie handelte, und nicht viel= mehr die ganze Formenlehre und manches Kapitel der Syntax in Mitleidenſchaft gezogen wäre. In der Vorrede zu Theodoſius aber a. a. O. heißt es: „Da die Schreiber nach romaniſcher Weiſe die Endungen nicht mehr unterſchieden, und da weder in den verſchiedenen Handſchriften an derſelben Stelle noch in derſelben Hand= ſchrift an verſchiedenen Stellen Übereinſtimmung herrſcht, ſo konnte hier nur die grammatiſch erforderte Form gegeben werden; ebenſo waren die entſtellten Namen, außer wo Formen wie Liviada u. dgl. ſchon alter Sprachgebrauch ſind, zu berichtigen, da anzunehmen iſt (sic!), daß der Verfaſſer dieſe richtig hörte und richtig ſchrieb." Das heißt doch an Stelle der Überlieferung ſubjektive Willkür ſetzen. Der von grammatikaliſch gebildeten Schreibern ſchon überarbeitete Text wird ſo noch einmal durchkorrigiert, und ſo von der urſprünglichen Geſtalt immer mehr entfernt.

Mit dieſen Anſichten von den grammatikaliſchen Fehlern der Schreiber ſtimmt nicht zuſammen, was Gildemeiſter in der Antonin= ausgabe p. XXIV ſagt: „Einem in der Grammatik ſo un= ſicheren Schriftſteller wie Gregor von Tours und Antonin wäre eine ſchonende Nachhilfe eines Herausgebers nicht unwillkommen geweſen",*) denn damit wird zugeſtanden, daß nicht die Schreiber korrigiert werden, ſondern Antonin ſelbſt, und dadurch zu Grund= ſätzen zurückgekehrt, die man nach den Ausgaben der Monum. German., wie z. B. nach der Gregorausgabe von Arndt und Kruſch, und der Wiener Sammlung der Kirchenväter nicht mehr erwarten ſollte; hat ja eben jene Beihilfe der Herausgeber zum Teil neue Ausgaben not= wendig gemacht.

Übrigens verfährt der moderne Korrektor mit ebenſowenig Kon= ſequenz, wie der Schreiber von R und Br. Wo die „klaſſiſche" Form nur durch Veränderung mehrerer Wörter hergeſtellt werden könnte, wird die übereinſtimmende Form von R G belaſſen. So findet z. B. 2, 11 cenaculus, 6, 2 solius, 10, 18 territorius, 10, 19 cubiculus Gnade; weshalb dann nicht auch sextaria (R G) 28, 9? weshalb S. 31, 1, 3 und 5 nicht die auf den Akkuſativ oleum bezogenen

---

*) Gildemeiſter ſcheint Gregor's Werke nicht geleſen zu haben, denn H. Fr. 10 c. 31 p. 449 ſagt dieſer ausdrücklich: si ita fueris exercitatus, ut tibi stilus noster sit rusticus, nec sic quoque, deprecor, ut avellas quae scripsi ganz im Gegenſatz zum Verfaſſer der Vita Hugberti (ed. Arndt 1874), der ſeine gelehrten Leſer bemütig um dieſen Dienſt aufleht: Magisque humiliter peto eruditis atque peritis lectoribus ac quasi singulorum vestigiis provolutus, ut rusticitati meae et pollutis sermonibus veniam dent, et si quid forte corrigenda invenerint. digna emendacione elucubrent, u. ähnlich wie dieſer Ardo in der praefatio zur Vita Benedicti, Mon. Germ. XV, 1 p. 200: Rursumque obnixe postulo, ut hanc perigili studio relegatis, et quaeque vitiose contexta fore probaveritis, elimando corrigite.

Pronomina qui, eum, quem? Weshalb wird 14, 13 am Neutrum eum kein Anstoß genommen, während es 31, 3, obwohl es ebensogut bezeugt ist, in id geändert wird? Weshalb läßt der Herausgeber S. 28, 3 sit nigra marmor illa, während er S. 16, 12 statt in ipsa marmore schreibt: in ipso marmore? Manchmal aber schießt der Eifer für Klassizität auch über das Ziel hinaus, wenn z. B. der Herausgeber, nicht zufrieden damit überall in der 3. Person Plur. der 3. Konjugation die überlieferte Endung — ent in unt zu ändern, nun gar auch S. 27, 12 aus tondent die „klassische" Form tondunt macht.

Wir müssen uns doch auch die Frage vorlegen: Gestattet uns die sonstige Schreibweise, der Stil des Autors, ihm solche Barbaris=men zuzutrauen? Ein Blick auf eine beliebige Seite zeigt uns, daß korrekte Flexion mit der sonstigen ungeschickten Ausdrucksweise des Verfassers geradezu in einem Mißverhältnis stehen würde. Waren ja doch geistig viel höher stehende Autoren der damaligen Zeit, wie Gregor von Tours, über dessen Sprache wir durch das Werk von Bonnet Le Latin de Grégoire de Tours, Paris 1890, außerordentlich gut unterrichtet sind (was die vorliegende Frage betrifft, siehe be=sonders p. 86 f.), in diesem Stück mindestens ebenso unsicher. Die Übereinstimmung der Handschriften beider Klassen belehrt uns, daß manche sogenannte Fehler schon im Archetypus x gestanden haben müssen, z. B. die Vertauschung des terminus quo mit dem terminus ubi. S. 1, 10 venimus exinde Biblo; die Namensform Triarim 1, 11 und Antharidus 1, 7; cum und de mit Akkusativ 6, 4 und 11, 11; die Endung -ent im Präsens der 3. Konjugation S. 30, 30 fundent.

In anderen Fällen hat die 1. Familie α noch die vulgäre Form, die Familie β hat sie gebessert, z. B. 6, 2 G R solius — β solium; 10, 19 cubiculus — cubiculum; 28, 9 sextaria — sextarios u. s. w.

Mehrfach ist der Vulgarismus vertreten durch G β, aber in R korrigiert, z. B. 2, 6 sub montana — sub montanis; 15, 10 reclausa — reclusa; 18, 13 de ipsa vestigia — de ipsis vestigiis.

Die Interpunktion erschien mir an folgenden Stellen verbesser=ungsbedürftig: 3, 1; 4, 17; 6, 17; 11, 16; 13, 15; 15, 17; 16, 12; 25, 2; 25, 12; 30, 6.

Von den eigenen Konjekturen Gildemeisters habe ich bereits als treffend hervorgehoben 3, 1 per mare statt permanere und 15, 7 oram statt horum; dagegen sind die anderen S. XXI vorgetragenen sehr unglücklich. Ich werde mich gegen folgende wenden müssen: 1, 3 Tilgung von id est sancta loca; 2, 3 ad brevissimum statt ad breve missi; 13, 9 quod (Relativum) statt quia; 13, 16 quae excisa statt qui excisus; 14, 20 titulum statt titulus; 15, 6 ampullae mo-dicae statt ampullae mediae; 15, 13 specillum statt species; 24, 13 Tilgung von ingentem, terribilem ad videndum; 28, 12 Ergänzung von absisteret; 29, 17 at quorum statt antiquorum (lies ante quorum); 29, 19 fores statt a foris; 31, 9 littore statt liquore.

Grammatikalische Übersicht.

Da im Folgenden vielfach grammatikalische Fragen berührt
werden müssen, so will ich hier einen kurzen geordneten Überblick geben.

Lautlehre.

J für G siehe S. 38.
b für v S. 10.
Abfall und unrichtige Anfügung von m und s, siehe Deklination.
Abfall von t, pos—post G 29, 23 (es folgt aber tantos).

I. Deklination.

a m = a; unam = una G 20, 2.
a = am: plena G 3, 18; ea R 6, 6. — una (unam G) condoma
    habent posita R G 7, 2. — aqua G 9, 19; 26, 1. — cellula
    R G 12, 15. — testa inclausa G 17, 2. — mensura G 18, 3.
    — catena ferrea G 20, 6. — indutus dalmatica R G 27, 19. —
    beata Euphemia 33, 3,
a s = a: ampullas medias R G 15. 6. — munitas G 29, 2. —
    portas = â R 12, 2. — in civitate Suras G 34, 4.
Nominativ Pluralis auf as statt auf ae S. 28.
Neue Substantiva: martyra S. 49.
Substantiva auf a, ae aus Neutr. Plur.: mirabiliae und dolcas
    plenas S. 32; maritima, ae S. 8.

Griechische Deklination.

Nom. Theodote S. 49; Gen. Palaestinis 33, 7 und Gazis 23, 16,
    S. 49.

II. Deklination.

Genus: eremus masc. S. 59.
Nom.: o = us: monumento — est excisus G 13, 9. — solio
    grandis G 6, 2.
Dativ: um   o: Libanum G 2, 8. — paradisum und Aegyptum
    G 4, 13.
Accus: o = um: precio G 6, 21. — melo G 14, 12. — ipso
    asello G 24, 16. — eremo G 25, 9. — sextario 26, 1. —
    beato Antonio 33, 3.
    u = um: capitu R G 29, 14. — ex cuius lectu R (-um G) 33, 11.
Ablat.: um = o: lingendum G 12, 6. — quaerendum G 25, 3.
    -um und -o nebeneinander: in eo statum G 12, 6. — in
    quo monumentum (-o R) G 13, 14. — celebratum octavo die
    G 24, 6. — in vinum et oleo et poma G 4, 15. — unum
    miliario G 4, 19. — totum pelago G 5, 16.
Nom. plur. auf is statt i: christianis G 15, 20 u. 24, 11. S. 2.

Accus. plur. auf us ftatt os: cancellus R 5, 6. — capillos
obanellatus G 17, 19. — dies festus R G 26, 10. — campus
G 31, 19.

Ablat. plur. auf i ftatt is: illi G 24. 19. — excepto peregrini
(is R) 2, 5. S. 2.

Schwanken zwischen der Endung um und us (Mast. und
Neutr. Form) bei dem nämlichen Subst., Plurale auf a
von Substant. auf us S. 30—34.

IV. Deklination.

Übergang von Substantiven der 4. Deklin. in die 2.:
cornus, i = cornu, spiritua == us, accessa, recessa = us S. 32.
— gradi und grados, gressi und gressos, porticos S. 37.

III. Deklination.

Genus: animales Mascul. S. 47. — altaris Masc. S. 40. —
arbor Masc. S. 37 und 47. — fons Fem. S. 10. — lapis
Fem. S. 47. — maris Masc. S. 21, Fem. 8, 9 u. 8, 11. —
marmor Fem. S. 47. — Sonstige Subst. auf or Fem. S. 47. —
radix Masc. S. 47.

Nomin. Sing. durch Abfall von s entstanden: turre, valle
S. 40.

Nom. Sing. mit angehängtem s: imperatricis u. marmoris S. 40.

Accus. Sing. mit abgefallenem m: aliqua visione G 6, 9. --
omne Jericho G 11, 7. — benedictione R 13, 15. — lapidem
deforme R G 16, 7. — aquam immobili R 20, 3.

Parafit. s: ambulante (R -es ftatt -em) G 24, 9. — ad Silua
fontis G 17, 12.

Ablat. mit angeh. m: in basilica coerentem R 14, 17.

Accus. Sing.: securem R G 7, 11. — basem R 19, 12, basidem G.

Ablat. Sing. auf e ftatt i: in qua mare G 8, 11 (vgl. Kalb,
Rom's Juristen, S. 73. 120). — a mare G 8, 9 (in qua G R). —
in quo mare G 8, 15. — a mare Tyberiade G 10, 2. — de
mare 30, 8 R G. — recedente mare 30, 15 R G. — de petra
naturale G 13, 9. — de lapide angulare R G 16, 4.

Plural Nom. u. Acc. auf is und auf i S. 13.

Nom. Sing. trabis R G 4, 4 und sedis G 17, 13; altaris
S. 40 Anm. vellus, oris S. 54.

Adjectiva.

quadrangulis = -us 15, 19; 17, 14 R G. S. 46.

Pronomina.

eum == id S. 41. 66. — ipse Artikel S. 9. — se = eum ob. eam
S. 64. — illi = illae R G 4, 12. — qui = fem. sing. quae
G 17, 14 und 22, 4. — qua = fem. quae G 23, 4 (quä serrä) —
quae = quam G 12, 21. — qua Neutr. Plur. = quae. S. 56.

Zahlwörter.

duos = duae (as) S. 10 (frz. deux). — dua = Neutr. Plur. S. 23. —
trea = tria S. 17. — millia nicht mit Genetiv verbunden S. 44 f.

Verbum.

1. Konjugation: lavavi S. 10. — applicavi S. 10.
2. Konjugation: adhaerit, cohaerit, commiscitur, habit, iacit,
parit, sedit und resedit, tenit S. 11.
Übergang in die 3.: tondo S. 30. — misco S. 67.
3. Konjugation: Endung ent in der 3. Perf. Sing. Ind. Präf.
S. 29. — accumsi S. 8. — frixus S. 44.
Übergang in die 4.: petiebant S. 3. — sculpivit 21, 3. S. 51.
Übergang aus der 4. in die 3.: bullo, bullesco S. 45. —
exivit und exiit für exit S. 15.
Reflexiver (intransitiver) Gebrauch transitiver Verba
S. 18 ff.

Partizipien.

Nomin. absol. S. 9. 28. — Acc. abs. S. 55. — Partizipien statt
der Verba finita S. 25. — Mediale Part. wie indutus, cal-
ciatus mit Objekts=Akkusativ S. 45 und 57.

Präpositionen.

Ad, ante, infra, intra, inter, per post mit Abl. S. 4. — a, cum,
de ex, pro mit Akkusativ S. 4. — in und sub auf die Frage
Wo? mit Akkusativ S. 4. — completo als Präposition S. 28. —
excepto als Präposition S. 2 f. — in circuitu S. 16. — in
proximo S. 27. — ante und post in ungewöhnlicher Bedeutung
S. 62. — contra von der Himmelsgegend S. 16.

Parataxe des Kasus statt des Genet. partit. S. 44.

Gen. qualit. ohne Attribut S. 13.

Umgekehrte Attraktion und Prolepsis des Subjekts S. 42 f.

Nebensätze.

Temporalsätze eingeleitet mit quomodo S. 70.
Ellipse des Verbums in indir. Fragesätzen S. 61.
Ut mit dem Indikativ in Konsekutivsätzen S. 44. 48.
Die Konstruktion des Acc. c. Inf. geht in den Konj. über S. 69.
Eo quod für den Acc. c. Inf. nach den Verbis dicendi S. 38.

Zum Schluß möchte ich noch die sprachlichen Eigentümlichkeiten zusammenfassen, in welchen sich der speziell italienisch-provinziale Charakter der Latinität des Itinerarium Antonini verrät. Es ist dies:

1) Der Abfall und die unrichtige Anfügung von schließendem s, siehe oben Seite XI—XIII.
2) Die damit in Zusammenhang stehenden Plurale der 3. Deklination auf i, S. 13.
3) Das Schwanken so vieler Substantiva der 2. Deklination zwischen der maskulinischen und neutralen Form, wobei die letztere im Plural überwiegt, insbesondere bei Maßbezeichnungen, wie modia, sextaria, siehe S. 30—34.
4) sculpivit, Anton. 21, 1 = ital. scolpire, S. 51.
5) Die Form melum = mālum, it. melo S. 41.
6) Vielleicht auch siclus 5, 1 (S. 17), camellus 25, 14 und 19 (S. 9) und corcodrillus 32, 15 (S. 69), sowie pitulus 24, 13 (S. 55).

Kritischer Kommentar.

Praecedente beato Antonino martyre, ex eo quod a civitate
Placentina egressus sum, in quibus locis sum peregrinatus. [id est
ad sancta loca].

Die von Gildemeister als Randbemerkung eingeklammerten Worte,
von denen wieder ad in G fehlt, finden sich nur in der ersten Hand=
schriftenklasse, während β einen ganz abweichenden korrumpierten und
durch Zusätze entstellten Text hat. Mir scheinen indes die fraglichen
Worte unentbehrlich zu sein, da sonst der Verfasser mehr verspräche,
als er wirklich leistet; er gibt nämlich nicht eine Beschreibung seiner
ganzen Reise von Placentia an, sondern schildert nur die von ihm
durchwanderten h e i l i g e n Stätten. Deshalb fügt er auch zu in
quibus locis mittels des in der Reisebeschreibung der Silvia so
unendlich oft gebrauchten restringierenden id est die Einschränkung
sancta loca anakoluthisch — denn ad ist mit G zu tilgen — an:
„An welchen Orten ich, seitdem ich im Gefolge des h. Antonius die
Stadt Placentia verlassen habe, gereist bin, das heißt heilige Orte.“
Gerade nach Präpositionalausdrücken finden sich bei id est und dem
gleichbedeutenden hoc est öfters ähnliche Anakoluthe, wie z. B. S. 5, 14:
venimus ad duos fontes, hoc est Jor et Dan, oder, wenn man das
Beispiel nicht gelten lassen will, da die Namen Jor und Dan in=
deklinabel gebraucht sein könnten, S. 31, 13: Exinde venimus per
eremum ad speluncam beati Pauli, hoc est Syracumba (β sichtlich
den Stil verbessernd quae vocatur Syracumba). Anon. Vales. 303, 25:
iubet ergo rex iratus navem praeparari et superinpositum (wohl
superinponi tum) eum cum aliis episcopis, id est Ecclesium Raven-
natem et Eusebium Fanestrem, Sabinum Campanum et alios duos.

Da übrigens Antonin zwischen dem Terminus quo und dem
Terminus ubi nicht mehr zu unterscheiden versteht, so könnte man
in quibus locis sum peregrinatus auch übersetzen „an welche Orte ich
gereist bin“, so daß dann in id est sancta loca der grammatikalisch
richtige Kasus vorläge.

1, 7.

Der Übergang von Cypern nach dem Festland wird gemacht
mit den Worten: Venimus in partes Syriae — et inde venimus in
Tripoli Syriae. Ein überleitendes exinde oder deinde (letzteres ist
in β überliefert), wie es auch Zeile 10 steht, venimus exinde Biblo,
ist kaum zu entbehren.

2, 1.

Deinde venimus in civitatem splendidissimam Berytum (über=
liefert sind die Ablativformen, in G überall, in R und β wenigstens
Berito oder Beritho), in qua nuper est studium (studius G) literarum
(β fuit studium). Est ist unhaltbar und beruht vielleicht auf falscher
Auflösung einer Abkürzung für erat. Gildemeister hat ebenso über=
setzt, als ob er mit β fuit in den Text gesetzt hätte: „wo unlängst
eine wissenschaftliche Lehranstalt war." Auch die sachlichen Er=
läuterungen Tuch's „Antoninus Martyr, seine Zeit und seine Pilger=
fahrt nach dem Morgenlande", Leipziger Pfingstprogramm 1864,
S. 4 nötigen zu dieser Annahme.

Die Form studius ist wohlbezeugt durch Vita Wandreg. S. 37,
Z. 5 v. u. (W. Arndt, Kleine Denkmäler aus der Merovinger Zeit,
Hannover 1874); da die Form auf — us also auch aus einem
gallischen Schriftsteller bezeugt ist, bei denen auslautendes s nicht
abgeworfen wurde, so haben wir darin mehr als eine blos ortho=
graphische Variante zu erkennen.

2, 3.

Dicente nobis episcopo civitatis, quia cognitae personae, quae
sciebantur (G sciebant) nominatim excepto peregrini (so G; R und β
peregrinis) triginta milia ad brevissimum (ad breve missi G R) hic
perierunt. Wenn R β peregrinis bietet, G dagegen peregrini, so ist
dies kaum als eine Verschiedenheit der Überlieferung anzuerkennen,
vielmehr liegt einfach in G Abfall von schließendem s vor, für den
sich hier wie überhaupt in spätlateinischen Denkmälern namentlich
Italiens (Gallien bildet bekanntlich in diesem Punkt eine Ausnahme)
zahlreiche Beispiele finden, vgl. meinen Aufsatz ‚Alte und neue
Philologie in ihrem gegenseitigen Verhältnis', Blätter für das bayer.
Gymnasialschulwesen 1891, S. 157. So steht S. 24, 19 in G auch
illi = illis (dat. plur.), S. 24, 9 fini == finis (fines R), S. 2, 15
tiro = tyros R und umgekehrt 15, 20 peregrinis für den Nominativ
peregrini, S. 9, 12 aquas für aqua, 24, 11 christianis für christiani,
29, 2 munitas für munita. Ein Nominativ peregrini (so Gilde=
meister) hat natürlich nach excepto keinerlei Berechtigung, während
excepto als Präposition mit Accuf. oder Abl. zur Genüge bekannt
ist, vgl. Pott in Kuhn's Zeitschrift XII, S. 194 und Bonnet, le
Latin de Grégoire de Tours p. 518, der die Verwendung von excepto als Präposition richtig erklärt: ‚Excepto filiabus, h. Fr. 5, 14
p. 204, 14, peut à peine compter comme désaccord. Par suite du
fréquent usage de ‚excepto quod' ‚excepto si etc.' excepto est
devenu comme une éspèce de particule, de même que son syno-
nyme praeter. Besonders oft findet sich das präpositionale excepto
in den langobardischen Gesetzen, z. B. Ed. Roth. 35, 78, 82, 83, 84,
87, 89, 94, 96, 147, 195, 196, 197, 320, 344, 366 u. f. w., und
zwar meist mit Akkusativ. Auch in Urkunden kommt es vor, z. B.

Pardessus No. 393 a. 678 (mit Aff.); Murat. Ant. Ital. I p. 526 a.
769; Wartmann, Urkundenbuch der Abtei St. Gallen 25 a. 759.
Der italienischen Präposition eccettuato entspricht exceptato in einer
Urkunde bei Muratori, Ant. It. II p. 771 a, 847. Arbeo, Vita Corbiniani, herausg. v. S. Riezler, München 1888, c. 1 S. 30 aliud
nihil possidens excepto ministros. ib. excepto stipendia corporis,
ib. c. 12 S. 41 excepto carnem. ib. c. 16 S. 46 excepto super-
stitem singularem. ib. c. 17 S. 46 excepto habitatoris. Auch bei
Theodosius de situ terrae sanctae c. 51 ist in den beiden besten
Handschriften P und H überliefert: Modo aliquanti pro religiositate
ibi cum venerint, excepto carnis (= carnes) ibi cybaria sua
comedere delectantur, wo Gildemeister mit Unrecht excepta carne
korrigiert hat.

Ad breve missi (G R) glaubt Gildemeister in ad brevissimum
ändern zu müssen; vielleicht ist es aber doch unangetastet zu lassen.
Mitto hat seine ursprüngliche Bedeutung „schicken" bei Antonin bereits
fast eingebüßt; nur 24, 19 mittens in Hierosolimam hat es sie noch
bewahrt. S. 3, 10 de Ptolomaide misimus maritimam hat es den
Sinn von dimitto, relinquo. S. 6, 3 et per posticum mittuntur
intus; 10, 7 et alia cellula inciditur et mittitur illic alius infantulus;
13, 14 in quo monumento de foris terra mittitur; 26, 3 mittebamus
in ea (aqua) arenam bedeutet es: hineinlassen, hineinstecken, hineinthun. Die letzte Stelle erinnert an den Sprachgebrauch der Mediziner,
die mitto anwenden vom Hineinthun von Ingredienzien in ein Gefäß;
vgl. die Indices zu Plin. Sec. von Val. Rose s. v. in c. abl. p. 123
und 216, zu Cassius Felix p. 242 und 245 s. v. mittere, von Helm-
reich zu Marc. Empir. p. 399 mittere = mettre, während Scribon.
Larg. dafür conicere gebraucht, z. B. S. 35, 1; 89, 14; 31, 16 u. s. w.
S. 26, 5 endlich sareca missa ante se petebant (G R petiebant)
panem a transeuntibus hat es die Bedeutung von pono. So steht
in den Dicta abbatis Pirmini c. 22, S. 172 ed. Caspari, Kirchenhist.
Anecdota, Christiania 1883: panem in fonte mittere, in der Rede
an Getaufte S. 204 dagegen: super truncum frumentum et vinum
mittere et panem in fontem ponere.*) Mit Unrecht hat Gildemeister
die vulgäre Form petiebant beseitigt, da bei diesem Verbum Übergang
in die 4. Konjugation auch im Präsensstamm auch sonst bezeugt ist;
Gregor von Tours gebraucht expetiunt, vgl. Bonnet a. a. O. p. 425.
An der letztgenannten Stelle bedeutet mitto soviel als pono, eine
Bedeutung, die wir vielleicht auch an der in Frage stehenden Stelle
annehmen dürfen. Ad breve missi (nach dem Sinn konstruiert, oder
missae) würde dann bedeuten „wenig angesetzt oder angenommen."

2, 5.

Ipsa civitas iacet sub montanis Libani. G und β haben sub
montana, wie auch 12, 8 ascendentibus nobis de montanis in Hiero-

---

*) Vgl. auch Rönsch, Semasiol. Beitr. III, S. 59.

solymam G de montana aufweiſt. S. 10, 14 in ista vel in illa ripa Iordanis submontana loca, ubi inveniuntur serpentes hat Gildem. mit R und β submontana als Abjektiv gefaßt, β ſchiebt vor loca noch per ein; nach den beiden vorangehenden Stellen iſt aber auch hier mit G sub montana zu trennen. Das Neutrum Plur. montana iſt ſubſtantiviſch gebraucht wie noch 12, 8 und bei Gregor von Tours gl. mart. 183 p. 557, 18 conscende ad montana. Der Ausdruck iſt aus der Vulgata entnommen, vgl. Appel, de genere neutro inter- eunte, Erlang. 1883 p. 30.

Man ſollte hier nach sub allerdings den Ablativ erwarten; aber auch nach in ſteht an mehreren Stellen Antonins der Akkuſativ, wo man den Ablativ erwartet. Da dieſer Fall weit ſeltener iſt als der umgekehrte (vgl. Sittl, die lokalen Verſchiedenheiten der lat. Sprache, Erlang. 1882, S. 129), denn bekanntlich wurde meiſt der terminus quo durch den terminus ubi erſetzt (vgl. auch Stünkel, Verhältnis der Sprache der Lex Romana Utinensis zur ſchulgerechten Latinität, Leipzig 1876, S. 635 f.), ſo verlohnt es ſich die Stellen zu ſammeln, von denen natürlich die am beweiskräftigſten ſind, an welchen das Subſtantiv im Plural ſteht, da im Singular der Unterſchied zwiſchen Akk. und Abl. durch Verſtummen des ſchließenden m, das infolge- deſſen bald abfällt, bald an verkehrter Stelle angehängt wird, mehr verdunkelt iſt: 4, 15 in frugis similis Aegypto (—um G); 4, 15 praecellit Aegyptum in vinum et oleo et poma, letzteres in G und β; 8, 13 lavant in illas thermas G, in ipsas thermas Br; 24, 9 am- bulantem in fines (R, fini = finis G) Segor; 26, 2 amarescente aqua illa in utres (R G); 28, 12 burdones qui in montes molent (G). Weniger beweiſen natürlich 6, 4 sedent in illum solium; 11, 13 in ascensionem — venales proponuntur; 12, 2 in sinistra manum intras in favillas; 20, 5 vidimus in unum angulum tenebrosum catena ferrea. Ein bloßer Schreibfehler iſt 23, 13 in proximum ſtatt in proximo, was Gildem. aus R gegen G in den Text geſetzt hat, da 8, 4 und 31, 17 richtig in proximo überliefert iſt.

Sonſt ſind folgende Beiſpiele von unrichtig geſetztem Kaſus nach Präpoſitionen vorhanden: a d m i t A b l a t i v: 20, 2 ad piscina natatoria; 7 ad porta maiore; 23, 11 usque ad aqua; 31, 16 ad signo; 33, 10 ad miliario secundo; a n t e 27, 7 ante ipsa spelunca; i n f r a und i n t r a 31, 9 infra ligore illo (G); 18, 20 intra civitate (G; infra —em R); i n t e r 4, 9* inter aebraeis; 16, 4 inter quibus; p e r 21, 5 per medio; 28, 14 per heremo; 28, 16 per quo (R G β); 33, 3 per visione; 33, 9 per Galilea; 34, 5 per qua civitate media; 34, 6 per ponte; p o s t 29, 23 tanto labore (R, — os — es G). Präpoſitionen m i t d e m A k k u ſ a t i v ſtatt des Ablativs: a 14, 6 a monumentum und 25, 12 a portes Aethiopiae; c u m 6, 4* cum luminaria et incensum (G R); 6, 18 cum paleas; 9, 22 cum species; 16, 18 cum quas; 24, 18 cum quem fui; 25, 14 cum camillos; 26, 8 cum radices; 26, 17 cum cruci (= cs); de 6, 1* de publicum; 7, 8 de quinque panis*); 11, 11* de libras; 11, 16 de civitatem; 12, 8 de montana; 13, 18 de imperatricis; 18, 3 de ipsa vestigia; 25, 1 de virtutis; ex 24, 2 ex relationem; 33, 8 ex cuius lectum; pro 7, 19 pro exenodotia; 8, 8 pro catarticum (R); 27, 12 pro devotionem. Diese Vulgarismen sind in R mit Aus=nahme von wenigen * bezeichneten ausgemerzt.

2, 8.

Illic currit fluvius Asclepius (Asclipius R, Asclippius G) et de fonte, ubi exsurgit stat .... G hat unde et surgit, β et fons unde surgit stat. Sicher ist mit G β unde zu schreiben; et surgit ist Schreibfehler für exsurgit. So steht auch S. 8, 6 in G et se lavantes statt ex se lavantes, 5, 12 et inde für exinde. Der vor=liegenden Stelle kommt zunächst 23, 6 et inde fons exurgit. Auch sonst wird der terminus unde angewendet, um den Ursprung eines Wassers anzugeben, wie 22, 16 in loco, in quo Simson in (G cum) maxilla asini occidit mille viros, ex qua fons processit und 18, 9 desubtus de qua surgit Siloa. Anders ist 22, 18 nam et ad locum, ubi exsurgit fuimus, da hier ubi = in quo ist.

2, 14.

Exeuntes de Sarapta venimus in civitatem Tyrum (—o R G). Inter Sidona et Tyrum et Saraptam continuo milia septem. Tyrus civitas; homines potentes, vita pessima tantae luxuriae (überliefert ist, wie es nach der unklaren kritischen Anmerkung scheint, in G tanta luxuriae, β hat luxuria), quae dici non potest, gynaecea (genici G, genetia R) publica oloserico vel diversis generibus tela-rum (vel — telarum fehlt in R, β hat oloserium vel diversa genera tel.). Die Entfernungsangabe ist unrichtig, da nach It. Burd. von Sidon nach Sarapta VIIII, von da nach Tyrus XVI Meilen sind; aber solche Ungenauigkeiten sind dem kritiklosen Verfasser wohl zu=zutrauen (vgl. Gildem. praef. XIX)**). Nach Tyrus civitas scheint etwas ausgefallen zu sein; B setzt offenbar nach Vermutung habet, V haec ein, beide von einem richtigen Gefühl geleitet. Auch Gilde=meister weiß mit Tyrus civitas nichts anzufangen, wie seine Über=

---

*) Die Stelle lautet vollständig in G ubi dominus de quinque panis quinque milia populos satiavit. R β haben panibus und hominum. Da es nun aber in den Dicta ablatis Pirminii c. 7 (bei Caspari, Kirchenhistorische Anecdota, Christiania 1883, t. I p. 155), in denen stets die Bibel in einer vorhieronymianischen Übersetzung zitiert wird, heißt: et de quinque panes et duobus piscibus quinque milia populi saciavit, so scheint der Acc. nach de und populus Lesart der Itala gewesen zu sein, verdient also auch hier den Vorzug. Peregrin. s. Paulae c. XVII: solitudinem, in qua multa populorum milia paucis saturata sunt panibus.

**) Merkwürdig, daß auch Hod. Will. c. 25 (Mon. Germ. H. XV, 1 p. 99) angegeben ist: Sex milliaria sunt inter illas duas urbes (Tyrus u. Sidon).

ſetzung zeigt „was Tyrus betrifft". Ein Verbum iſt ſicher nicht zu
ergänzen, da Antonin an derartigen Stellen nie eines ſetzt. S. 1, 4 f.
heißt es: venimus — in civitatem Constantiam —. Civitas pulchra,
deliciosa, ornata palmis dactalorum; 2, 18 et inde venimus Ptolomaida. Civitas honesta, monasteria bona; 23, 16 de Maioma usque
in Gazam miliarium unum. Gaza autem civitas splendida, deliciosa,
homines honestissimi, omni liberalitate decori, amatores peregrinorum.
Die letzte Stelle zeigt, daß auch 20, 18 die Lesart von G, welches
nach Bethleem autem hat, gegen R und Gildem. in den Text zu
rücken iſt. Die Stelle lautet: de ipso loco usque Bethleem milia
tria (G ad m. trea). Bethleem (G B autem) locus splendidissimus,
servi dei multi; 28, 11 et venientes in civitatem Phara (G Ph.
civ.) — Civitas munita muris de lateribus, locus sterilis valde;
endlich 32, 14 venimus Alexandriam. Alexandria civitas splendida,
populus levissimus, sed amatores peregrinorum.
  2, 18 wird von Gildemeiſter civitas honesta falſch überſetzt
„die Stadt iſt wohlhabend"; mehr Gewähr hätte die Überſetzung
„die Stadt iſt ſchön"; denn dieſe Bedeutung hatte honestus in der
Umgangsſprache. Nach Georges findet ſich bei Lucil. sat. 3, 53
Sicyonia honesta und bei Apul. flor. 23 armamenta idonea ad usum
et honesta ad contemplationem. Daß dieſe Bedeutung noch tief ins
Mittelalter hinein fortbeſtand, zeigt eine Stelle aus den Gesta abbat.
Fontan., Mon. Germ. Hist. II, p. 288, 39: repererunt codicem
optime scriptum, membranis mundissimis honestaque forma con-
fectum. Die Parallelſtellen, an denen Städte bei Antonin die
Attribute pulchra oder splendida haben, wozu auch 2, 1 deinde
venimus in civitatem splendidissimam Berytum und 33, 16 venimus
in civitatem splendidissimam Apamiam zu fügen ſind, laſſen an und
für ſich dieſe Bedeutung bei Antonin als möglich erſcheinen. Da nun
nach den vorangeſchickten Parallelſtellen es ſehr wahrſcheinlich iſt,
daß 2,14 nach Tyrus civitas ein Adjektiv ausgefallen iſt, da ferner vor
homines der Ausfall von honesta wegen des gleichen Anfangs ſich
leicht erklären ließe, könnte man verſucht ſein, die Lücke mit honesta
„ſchön" auszufüllen. Aber da 23, 16 homines honestissimi, amatores peregrinorum (von Gildemeiſter wieder falſch überſetzt „die
Bewohner ſehr wohlhabend") honestus die Bedeutung ehrbar hat,
wie ſchon der Gegenſatz zeigt S. 32, 14 populus levissimus, sed
amatores peregrinorum, ſo iſt wohl 2, 14 etwas anderes ausgefallen,
vielleicht splendida. Daß auch 2, 18 honesta im ethiſchen Sinne
zu nehmen iſt, ſcheint mir daraus hervorzugehen, daß zwei Zeilen
weiter oben bei Tyrus gerade die vita pessima getadelt wird. Richtig
dagegen wird potentes mit reich überſetzt. Wie unſer deutſches Wort
‚reich' die Grundbedeutung ‚mächtig' hat, die ja noch im Subſtantiv
‚das Reich' wiederklingt, ſo hat ſich auch aus potens durch Spe-
zialiſierung des Begriffs die Bedeutung ‚reich' entwickelt, potens
pecunia, Tacit. und parvo potens Fabricius, Verg. Für die Fort=
exiſtenz dieſer Bedeutung im Mittelalter zeugt Walafrid Strabo,

Vita S. Otmari, Mon. Germ. II p. 45, 22 inclinato iam die vesperi ad cuiusdam Ratgozi potentis viri hospitium divertit. Ferner iſt nicht zu verbinden vita pessima tantae luxuriae, ſondern nach vita pessima Komma zu ſetzen und mit *s* tanta luxuria herzuſtellen*). Sprachlich unmöglich iſt die Verbindung gynaecca publica oloserico vel diversis generibus telarum, nach Gildemeiſter: „Staatliche Web=anſtalten für Seide und verſchiedene Arten Gewebe". Dieſer an und für ſich beiſpielloſe Dativ iſt vollends nicht anzunehmen in einer Zeit, wo die Kaſusverwirrung immer mehr überhand nahm und man bereits vielfach zu Präpoſitionalumſchreibungen zu greifen genötigt war. Vielleicht wurde diversis generibus dadurch verurſacht, daß ein Abſchreiber oloserico (= um) als Dativ anſah und die Pluralform damit in Übereinſtimmung zu bringen ſuchte.

3, 1.

A Ptolomaida per mare (ſo emendiert Gildemeiſter trefflich das handſchriftliche permanere) incontra in civitatem Sucamina Iudaeorum est milia tria semis (miliario semis G, miliari semis R), recto (G per directo) littore maris milia sex.

Miliario semis ½ Meile ſtatt 4½ iſt allerdings ein allem Augenſchein ſo widerſprechender Fehler, daß Antonin trotz ſeiner ſonſtigen Ungenauigkeit nicht ſo geſchrieben haben kann; denn wenn er auch, wie aus dem Anfang des 4. Kapitels hervorgeht, nicht ſelbſt in Sucamina war, ſo konnte er auch bei oberflächlichſter Schätzung ſich nicht ſoweit von der Wahrheit entfernen. Die Vermutung Gildemeiſters (ſiehe S. 36, 2 ſ. Ausg.) est milia tria semis wäre ſachlich wohl zuläſſig, da Antonin um 1 Meile ſich leicht geirrt haben kann; aber nach ſonſtigem Sprachgebrauch müßte dann sunt ſtehen, vgl. 8, 17 de Iordane usque ad locum, ubi Moyses de corpore exivit, sunt milia octo; 10, 3 sunt milia plus minus centum XXXta; 21, 12 de Bethleem autem usque ad ilicem Mambre sunt milia XXIV; 14, 6 sunt gressus octoginta; 28, 19 sunt man-siones octo. Es müßte dann auch est fallen, das ja möglicherweiſe erſt nach dem Ausfall der Zahl in den Text gekommen ſein könnte; und in der That fehlt das Verbum in ſolchen Verbindungen oft, z. B. 10, 16 venientibus a Iordane in Iericho milia sex; 20, 18 de ipso loco usque Bethleem milia tria.

Recto littore maris, wie Gildemeiſter mit R ſchreibt, ſoll heißen „gerade am Meeresufer hin". Aber was ſoll da recto bedeuten, da das Meeresufer nicht gerade iſt und eben dadurch ſich die Ver=ſchiedenheit der Weglänge ergibt? Nun iſt per directum, was G hat, eine aus Plinius bekannte adverbiale Verbindung und bedeutet „in gerader Richtung". Ich ziehe daher per directum zum Vorher=gehenden und trenne es von littore mittels Komma. Will man ſich

---

*) Vgl. 12, 4 nubes obscura descendit, odor sulphureus.

nicht zur Tilgung von est entschließen, die bei Annahme des Gilde=
meister'schen Vorschlages unerläßlich ist, so könnte man auch den
Fehler in semis suchen und dafür minus vermuten, so daß sich der
Gedanke ergäbe: „Von Ptolemais ist es zur See hinüber nach der
gegenüberliegenden Stadt Sucamina in gerader Richtung eine Meile
weniger, auf der Meeresküste sind es 6 Meilen."

3, 10.

De Ptolomaida misimus maritimam (G R). Da Zweifelsüchtige
das Feminin maritima, ae (ital. maremma) nicht anerkennen könnten,
sondern an fälschlich angehängtes m denken möchten, da ferner Appel
‚De genere neutro intereunte in lingua Latina', Erlang. 1883 p. 61
nur Beispiele aus dem 13. Jahrhundert beibringt, so möchte ich
darauf aufmerksam machen, daß sich auch in einer ital. Urkunde vom
Jahr 800 bei Muratori, antiq. Ital. I p. 799 dies Feminin findet
a finibus maritimae.

3, 13.

In quo loco erat et cathedra, ubi sedebat (nur in β), quando
ad eam angelus venit. Ich hebe diese Stelle besonders heraus, weil
sie deutlich zeigt, daß die Rezension β doch nicht so wertlos für die
Wortkritik ist, wie Gildemeister p. IV sich ausdrückt. Daß ubi
sedebat vortrefflich die Lücke in G R ausfüllt, sieht man aus 4, 3
in qua etiam synagoga est trabis, ubi sedebat cum aliis infantibus
und 17, 3 in ipsa basilica est sedes, ubi Pilatus sedit, quando
dominum audiit.

3, 14.

Deinde ad milia tria (d. miliariae G) venimus in Canaan (Gildem.
Canam), ubi ad nuptias fuit dominus et accumsimus (accubuimus R)
in ipso accubitu, ubi ego indignus nomina parentum meorum scripsi.
Ex quibus hydriae (R β, hydriis G) duae ibi sunt, et implevi unam
ex ea vino et in collum (collo G) plenam (plena G) levavi et obtuli
ad altare et in ipso (ipsa G R) fonte pro benedictione lavimus
(lavabimus G, levavimus Br, lavavimus t, lavimus B).

In G ist die Zahl der Meilen ausgefallen; ad vor milia ist
durch R allein schlecht beglaubigt. Würde tria (R) nicht durch β
bestätigt werden, so wäre man nach Theodosius 28: de Diocaesarea
usque in Canam Galilaeae milia V versucht zu ergänzen miliario V^to,
da der Ausfall des Zahlzeichens V vor venimus sich leicht erklären
ließe. Daß vor folgendem V dies Zahlzeichen ausgefallen ist, unter=
liegt an einer anderen Stelle, 25, 19 keinem Zweifel:

Ambulantibus nobis per eremum dies vel sex cameli (gamelli G)
nobis aquas (aqua G) portantes; sextarium mane et sextarium sero
per hominem accipiebamus. Gildemeister, der S. 54 übersetzt:
„Während wir durch die Wüste wandern, bringen uns etwa alle
sechs Tage die Kamele Wasser; wir erhielten einen Sextarius morgens

und einen Sextarius abends der Mann", erklärt in sonderbarem
Widerspruch mit sich selbst S. 68, vel bedeute an dieser Stelle
„sogar". Er weiß also mit vel nichts anzufangen, und in der That
läßt es sich auch nur erklären, wenn wir davor den Ausfall von V
(quinque) annehmen. Bezeichnend für Klasse β ist es, daß sie so
unverständliche Worte wie hier vel einfach über Bord wirft.

Ferner ist unbegreiflich, wie die Kamele alle 5—6 Tage den
Reisenden Wasser in die Wüste haben sollen bringen können. Es ist
deshalb nach sex und nach portantes Komma zu setzen und cameli (man
beachte die in G überlieferte vulgäre Form camelli = ital. cammello,
ebenso 25, 14 cum camillos G) nobis aquam portantes als Nomi=
nativus absol. zu fassen. Für aquas durfte sich Gildemeister nicht
auf 29, 2 berufen locus sterilis valde praeter aquas et palmas, da
hier der Plural sich aus der Bedeutung fontes erklärt, und ebenso=
wenig auf 26, 14 ubi de petra Moyses eduxit aquas; denn hier soll
wie Num. 20, 11 und Deut. 8, 15 durch den Plural die Wasser=
menge ausgedrückt werden. Die auffallende Konstruktion ambulantibus nobis — accipiebamus findet ihr Analogon 22, 3 descendentibus nobis in via — venimus in montem Gelbuae; 26, 13 hat G den
Ablativ perambulantibus, R den Nominativ perambulantes per eremum —
venimus ad locum; 32, 11 hat G umgekehrt den Nom. descendentes,
R dagegen discendentibus per Aegyptum venimus in civitatem Athlefi.
Die Verbindung quinque vel sex endlich entspricht dem Sprach=
gebrauch, wie erhellt aus 3, 9: Et a . . . milia sex aut septem
civitas Porphyreona und aus der von Wölfflin, Archiv VI, S. 592
geheilten Stelle S. 24, 10 in quibus locis invenimus monasterium
puellarum XVI (statt des überlieferten XII) vel XVII.

Ex quibus hydriae (oder hydriis) duae ibi sunt hat ex quibus
keine rechte Beziehung, wie auch Gildemeister S. 37 Anm. zugibt
„ex quibus muß sich freilich etwas hart auf nuptias beziehen." Wenn
nur nuptias nicht so weit entfernt wäre! Auch ex ea ist bedenklich.
Aber was β bietet et implevi <aqua> unam <et protuli> ex ea
vinum ist von Gildemeister mit Recht als Erweiterung einer wunder=
süchtigen Zeit ausgeschieden worden. Dieser Zusatz ist ganz von
derselben Art wie 12, 21: et in ipsa valle est basilica s. Mariae,
quam dicunt domum eius fuisse, in qua et de corpore sublatam
fuisse, wo β aus der letzteren Phrase, die offenbar nichts anderes
ausdrücken soll, als daß sie dort gestorben sei, macht de qua eam
dicunt a d c o e l o s fuisse sublatam, also eine leibhaftige Himmelfahrt.
Anstoß erregt endlich noch et in ipsa fonte pro benedictione lavavimus. Denn wenn wir auch das Pronomen ipse noch so wenig
urgieren, das bei unserem Auctor wie schon bei der gallischen Pilgerin
zum bloßen Artikel herabgesunken ist (vgl. z. B. S. 29, 9 und 18),
so kann doch auch durch den Artikel nur auf etwas schon Erwähntes
hingewiesen werden; von einer Quelle ist aber im Vorausgehenden
nirgends die Rede, ebensowenig von einer Kirche, auf deren Vor=
handensein der Altar schließen läßt. Endlich ist auffallend, daß

unſer Pilger bei der Beſchreibung von Kana das Wunder der Ver-
wandlung des Waſſers in Wein ganz unerwähnt läßt. Wie viel
klarer iſt doch die Schilderung des ſonſt ſo knappen Hodoeporicon
Willibaldi c. 13 (Mon. Germ. XV, 1 p. 95): Et ibi Domino se com-
mendantes ambulaverunt inde et veniebant in villam Chanaan, ubi
Dominus aquas in vino convertit. Illic est ecclesia magna, et in
illa ecclesia stat in altare unum de sex hydriis, quas Dominus iusserat
implere (lies impleri) aqua et in vinum verse sunt, et de illo
communicaverunt vino. Die obigen Gründe ſcheinen mir zur Annahme
einer Lücke nach scripsi zu nötigen, in der etwa folgendes geſtanden haben
muß: In quo loco est basilica, et in ipsa basilica fons est, ex qua
illae sex hydriae impletae sunt, in quibus Dominus aquam in vino
convertit. Ex ea iſt entweder zu ändern in exinde = earum oder
ex ea<s> zu ſchreiben. Zum Femininum fons vgl. 5, 13 venimus
ad duos fontes, hoc est Ior et Dan, que in unum iuncte sunt (G R);
18, 15 fons ipsa (G, ipse R); 22, 17 quae fons (G R); 26, 20
fons illa (G, ille R); 31, 14 quae fons (G, qui fons R). 26, 20
quae (G, qui R) fons inclausus est und 27, 7 surgit fons, qui (G R)
irrigat. Wenn oben 5, 13 duos fontes ſteht, ſo iſt zu erinnern, daß
duos eine geſchlechtsloſe Form geworden iſt; ſo ſteht 30, 2 (G) duos
exsenodochia und in der Theodoſius-Ausgabe von Gildemeiſter p. 32
(cod. Sang. p. 104) ibi sunt duos basilicas; duos portiones Lex
Rom. Utin. 71, 4 bei Stünkel a. a. O. S. 592. Qui für quae iſt
aber ganz gebräuchlich, z. B. auch 17, 14 und 22, 4; vgl. Bonnet
a. a. O. p. 390. S. 26, 10 endlich iſt das Masc. inclausus jedenfalls nur durch qui veranlaßt. Fons iſt als Fem. auch Vita Wandr.
p. 39 gebraucht: ad illam fontem und iuxta fontem uberrimam.
Ebenſo iſt mons als Fem. bezeugt Vita Willib. Mon. Germ. Hist.
XV, 1 p. 101 illa mons. Endlich iſt noch beachtenswert die Form
lavabimus G = lavavimus, indem auch ſonſt öfter in G b für v
vorkommt, z. B. 19, 2 monibit = monivit; 20, 4 labantur; 15, 20
debotionem. Lavavimus lag ſicher auch dem Urheber der Rezenſion
von β vor, und levavimus iſt nur ein ungeſchickter Beſſerungsverſuch.
Bisher war dies Perfekt nur durch eine chriſtliche Inſchrift bezeugt
(vgl. Georges)*). Ganz wie hier ſchreibt 29, 23 G applicabimus =
applicavimus, während R und β applicuimus haben; vgl. die Perf. sonavi
(Georg.) u. Virg. Maro 101, 24, Alcuin (Gr. Lat. V 544, 26); in-
domatus Virg. 101, 22; adiuvaverit Alc. 533, 12; increpavi (Georges),
iuvatus Wand. 43, auch in Arbeos Vita Emm. p. 39; adiuvavi und
praestavi beim Juriſten Paulus, ſiehe Kalb, Roms Juriſten, Leipzig
1890, S. 137 f.

4, 2.

Ibi etiam sedet (sedit G, pendit Br, om. R) in synagoga tomus,
in quo ABCD habuit Dominus impositum. In qua etiam synagoga

---

*) Überſehen iſt bei Georges lavasse, hist. Apollonii 17, 17; ebendort
ſteht 17, 12 auch fricavit (fehlt ebenfalls bei Georges).

posita est trabis etc. (vor in qua würde beffer Komma gefeßt.) Hier
verdanken wir die richtige Lesart ausschließlich G, während Br an
dem Ausdruck Anſtoß nahm und deshalb änderte. Was die Form
sedit betrifft, fo iſt zu vergleichen 15, 5 resedit (R G); iacit 2, 6
(G); adhaerit 2, 8 (G, aderit R); 13, 6 coerit (R, coierit G);
6, 1 habit (G = habent), ebenſo 16, 14; 19, 12; 20, 2; 25, 11;
iacit 20, 8 (G); habis 6, 21 (G); 14, 8 parit (G); tenit 31, 3 (G)
und commiscitur 31, 6 (G R). Zahlreiche Beiſpiele bei Schuchardt,
der Vokalismus des Vulgärlateins I S. 258 ff.; vgl. auch Bonnet
a. a. O. p. 428. Die Grundbedeutung von sedeo iſt verblaßt, es
iſt offenbar wenig verſchieden von esse. Von Perſonen wird es in
dieſer abgeſchwächten Bedeutung auch von Silvia gebraucht, und zwar
von Soldaten, die in Garniſon ſtehen, S. 64, 3 nam et miles ibi
sedet cum tribuno suo; dann iſt es auch auf Mönche übertragen
S. 69, 17 qui in solitudine sedebant, quos ascites vocant; ebenſo
im Hodoep. Willib. c. 11 ibi sedebant duo solitarii in stulite und
c. 23 ibi sedet abbas et sedent circa vallem monachi. Das Kom=
positum residere braucht Antonin in ähnlichem Sinn 31, 20 in qua
residebat Pharao (reſidieren). Noch auffallender iſt es, wenn es
S. 15, 5 heißt venit in locum, ubi crux resedit und in den aus
dem 7. Jahrhundert ſtammenden Formulae Andecavenses (ed. K.
Zeumer, Mon. Germ. Hist. Leg. V) No. 35, p. 16, 12 ubi ipsa
casa resedit.

Im vorausgehenden Saß: Deinde venimus in civitatem Nazareth,
in qua sunt multae virtutes iſt ferner virtutes nicht „Wunderwirkungen"
zu überſetzen, ſondern bedeutet „wunderbare Gegenſtände". Die virtutes ſind eben der tomus, die trabis, die domus s. Mariae, genau wie
S. 15, 10: nam et ibi est illa sporgia et canna, de quibus legitur
in evangelio — et aliae multae virtutes, S. 46 richtig überſetzt
„und viele andere wirkende Gegenſtände". Virtutes hat hier genau
denſelben Sinn, wie ſonſt mirabilia, S. 12, 14: in loco, unde
ascendit dominus, vidimus mirabilia multa und S. 16, 13 deinde
venimus in basilicam sanctam Sion, ubi sunt multa miracula. Da
an dieſer Stelle nur in R miracula ſteht, ſo iſt, wenn nicht mit G
multae miraculae (it. maraviglia, franz. merveille), ſo doch ſicher
mit β multa mirabilia zu ſchreiben*); vgl. auch 17, 1 multe alie
miracule, quas non recolo (G). Ebenſo verhält es ſich 9, 3 Tenui
autem theophaniam in Iordane, ubi talia fiebant miracula in illa
nocte in loco, ubi baptizatus est dominus. Hier hat G wieder
talis fiunt mirabilia, was auf urſprüngliches tales mirabiliae ſchließen
läßt, ebenſo β fiunt mirabilia, während R wieder miracula korrigiert
hat (Über mirabilia vgl. Appel a. a. O. S. 42). Da im Folgenden
die wunderbaren Erſcheinungen in der Nacht vor dem Feſt in lauter
Präſentia geſchildert werden, ſo iſt natürlich auch fiunt zu ſchreiben.

*) Virg. Maro S. 39, 15 gibt gar als Nebenformen an simile similium,
terribile terribilium, mirabile mirabilium.

An der letzten Stelle bedeutet also mirabilia nicht wunderbare Gegen= stände, sondern Erscheinungen oder Thaten, wie bei Theodos. S. 18, §. 23 ibi et corpus eius est et mnlta mirabilia fiunt, und S. 22, §. 54 et multa mirabilia ibi dominus facit, eine Bedeutung, die sonst virtus hat, schon in der Vulgata (vgl. Kaulen, Handbuch zur Vulgata, Mainz 1870, S. 28) und auch an mehreren Stellen unserer Schrift, wie 2, 13 multae virtutes illic fient; 6, 14 ubi s. Johannes multas virtutes operatur; 18, 2 nam petra illa fiunt virtutes multae; 18, 11 in quibus aquis multae ostenduntur virtutes; 19, 16 nam et in ipsa provincia multas virtutes ostendit beatus Georgius; 20, 3 in qua multae fiunt virtutes; 32, 13 qui multas virtutes ibi operatur; 33, 11 in quo loco multae fiunt virtutes.

4, 7.

Diese zweite Bedeutung von virtus = Wunder oder Wunderthat (weitere Belege bei Bonnet a. a. O. p. 243 und A. 2) hat nun offenbar auch beneficium 4, 7 et multa ibi sunt beneficia de vesti- mentis eius. Deshalb halte ich es für notwendig sunt in fiunt zu ändern nach §. 2, 13; 18, 2; 20, 3; 33, 11. Wie leicht sunt und fiunt verwechselt werden konnten und thatsächlich verwechselt wurden, sieht man aus den in meinem Programm „Kritische Bemerkungen zu S. Silviae Aquitanae Peregrinatio ad loca sancta", Augsburg 1890, S. 38 besprochenen Stellen der gallischen Pilgerin.

Nicht einverstanden bin ich mit Gildemeisters Auffassung des Wortes virtus an zwei kritisch schwierigen Stellen, die deshalb auch gleich hier besprochen werden sollen. Die erste ist die von ihm Ein= leitung S. XXI und S. 50 Anm. 3 behandelte Stelle S. 19, 20: Inter ipsas sepulturas cellulae servorum dei. Pulveri (veri G, viri R) multae virtutes (multi virtutum R, ubi fiunt multae virtutes β). Poma et vineae inter ipsa monumenta per loca. Es ist vom Acker Acheldemach, d. i. Blutacker, die Rede, auf dem alle Fremden be= graben wurden, von deren Bestattungsweise uns Arculfus I c. 20 (p. 161 Tobler=Molinier) ein wenig anmutiges Bild zeichnet. Der Staub könnte nur der der Fremden sein, die doch gewiß keine Heiligen waren. Woher sollten also demselben viele Wunderkräfte zukommen? Gegen diese Vermutung Gildemeisters spricht aber auch der freie Ge= brauch des Dativs in einer Zeit, wo die Kasuszerrüttung schon so weit gediehen war, noch dazu ohne ein Verbum (sunt), mit dem er zu verbinden wäre. Antoninus würde, wenn er ausdrücken wollte, was Gildemeister ihm unterlegt, sich einer anderen Wendung bedienen; er würde sicher sagen de pulvere multae virtutes fiunt, wie 4, 7 de vestimentis eius, und auch 18, 2 wo RG hat nam petra illa, ubi stetit, fiunt virtutes multae ist sicherlich mit β vor petra ein in= strumentales de einzusetzen. Die Lesart von β darf als sichtliche Zurechtmachung einer unverständlichen Stelle hier ganz außer Betracht bleiben. Wenn R viri, hat, G veri, so ist das in der Sache das

nämliche, da veri nur die vulgäre Schreibweise ist. Es fragt sich
nur, ob wir nach G veri multae vtrtutis mit Änderung von - es in
- is schreiben oder der Lesart von R viri multi virtutum beitreten
wollen. Im ersteren Falle sollte man allerdings eher magnae virtutis erwarten. Für die Verbindung viri multi scheint mir zu sprechen
20, 18: Bethleem locus splendidissimus; servi Dei multi und 23, 2:
basilica pulchra ornata et servi Dei multi. Das Ausschlaggebende
aber ist, daß die Verbindung viri virtutum — ein Genetiv der Eigenschaft ohne Attribut, wie 12, 11 die Klöster auf dem Ölberg loca
mirabiliorum genannt werden — auch sonst als ein der christlichen
Latinität eigentümlicher durch Gregor von Tours glor. mart. 53
p. 525, 21 und conf. 81 p. 799, 26 bezeugt ist, vgl. Bonnet a. a.
O. p. 551, 5, siehe auch Schmalz Lat. Syntax in Iwan Müllers
Handbuch der klassischen Altertumswissensch. II. Band S. 267 A. 6
und Dräger Historische Syntax I p. 462. Selbstverständlich bedeutet
viri virtutum nicht „Tugendmänner", wie Gildemeister S. XXI an-
nimmt, sondern „Wunderthäter", schon deshalb weil virtus die Bedeutung „Tugend" schon in der Vulgata eingebüßt hat (Kaulen a.
a. O. S. 29) und auch bei Antoniu nie diesen Begriff ausdrückt.
Was die Bedeutung von sepultura = Grab in konkretem Sinn anlangt, so verweise ich außer auf mein Programm S. 28 auch auf
den Aufsatz von Pott in Kuhns Zeitschrift XII „Romanische Elemente
in den langobardischen Gesetzen", S. 181, Edictum Rotharis 15;
Gromat. 303, 13; 341, 3; 349, 27; Pardessus Diplom. II, Nr. 412 a.
690 ubi sepulturas nostras habuimus recondetas. Vinea bedeutet
hier nicht Weinberg, sondern Weinstock, wie der Plural und die Zusammenstellung mit poma zeigt, vgl. Bonnet a. a. O. p. 205: Vinea
paraît quelquefois être mis pour vitis, wozu ich bemerken möchte, daß
umgekehrt auch vitis für vinea gebraucht wird. Liutpr. leges 59. VI a.
724 p. Chr. si quis gastaldius — terram, silvam, vitis (mit den
Varianten vites, vitem, vineas) vel prata ausus fuerit donare und
134, V erst regelmäßig si homenis — intentionis habuerit de campo
aut vinea, prado aut silva, dagegen weiter unten qui in campum aut
in vitis vel in prado aut in silva suum laborem faciebat. Per loca
ist endlich nicht mit Gildemeister „stellenweise" zu übersetzen, sondern
bedeutet „überall", Bonnet p. 590 nebst Anm 1.

Ebensowenig wie hier bedeutet virtus „Tugend" oder „Vortrefflichkeit", wie Gildemeister übersetzt, S. 25, 1 et ipsae nobis dixerunt
de virtute Mariae. Hier hat G virtutis, und das ist die ursprüngliche Lesart, aus der dann R virtute, β virtutibus korrigiert hat.
Daß de in unserer Schrift sehr häufig mit dem Akkusativ verbunden
ist, ist bereits oben erörtert; virtutis ist also der Akk. des Plurals
wie 14, 2 ornamenta de imperatricis, was Gildemeister S. 66 für
den Ablativ erklärt! Die Endung is für es erscheint in unserer
Schrift häufig im Plural; im Nominativ durgonis und burdonis
28, 12; surgentis 15, 21; panis 20, 8; haeresis 32, 16; im Akkusativ: 4, 13 in frugis; 7, 7 de quinque panis; 9, 22 induti sin-

donis (sindone R); 26, 20 ad cuius pedis (pedem R unb Gilbem.; pede ₊₇) montis est fons illa. Pes im bilblichen Sinn vom Fuß eines Berges (= radices) ist bei Georges nur im Plural bezeugt burch Amm. 14, 8, 10 imi pedes Casii montis. Doch findet sich ber Sing. schon im Itin. Burd. p. 16 (Tobler) inde ad pedem montis ipsius locus est; ebenso Theodos. § 40 in ipso monte, hoc est ad pedem montis ipsius unb bei Antonin 7, 13. 20, 11 hat einmal R bie richtige Form finis bewahrt, während in G fine steht, unb β finibus forrigiert hat: in fine (schreibe finis) loci, qui vocatur Rama. Daß ber Plural hier stehen muß, sieht man aus 3, 10 venimus in finibus Galilaeae in civitatem. S. 24, 9 schreibt Gildemeister de qua dicitur in eremo esse ambulantem (so richtig statt ambulante G unb ambulantes mit falsch angehängtem s R) in finibus Segor (fini G, fines R). In G ist also schon ganz ber italienische Plural fini über= liefert. Diese Plurale auf i von Wörtern ber 3. Deklination sind eine Eigentümlichkeit bes italienischen Spätlateins, vgl. Sittl zur Beurteilung bes sogenannten Mittellateins, Wölfflins Archiv II, S. 567. Wenn aber Sittl behauptet: „In ber 3. Deklination muß ber Plural nunmehr (nach Verlust bes Schlußkonsonanten) vom Sin= gular unterschieden werden, weshalb aus ber zweiten i eintritt", so ist biese Erklärung entschieden zurückzuweisen. In ben italienischen Pluralen ber 3. Deklin. auf i haben wir vielmehr nur bie Endung is mit abgefallenem s zu erkennen. Vgl. Schuchardt, Vocalismus bes Vulgärlateins I, S. 248 f. unb Stünkel, lex Rom. Utin. S. 606.

Ein Plural auf i ist endlich noch überliefert 26, 16 ecce multi-tudo monachorum eremitarum (G u. .⁊ haben zwischen mon. unb erem. et) innumerabilis cum cruce (so Gildemeister mit R, cruces Br M, crucibus B V, cruci G) psallentes obviaverunt nobis. Gildem. übersetzt S. 55: „Siehe, ba gieng uns eine unzählige Menge von Eremitenmönchen mit einem Kreuz Psalmen singend entgegen." Ein= siedlermönche ist ein Unbing, ba immer zwischen monachi unb eremitae unterschieden wird, vgl. S. 29, 15 pro custodia mona-steriorum et eremitarum. Monachi sind bie in einem Kloster unter einem abbas vereinigten Mönche, vgl. S. 21, 9 ante Bethleem est monasterium muro cinctum, in quo est multitudo monachorum con-gregata; 17, 6 ubi est congregatio nimia monachorum; bie eremitae bagegen wohnen in einzelnen Zellen für sich, vgl. 8, 3 in circuitu vallis illius (also in einem größeren Umfreis zerstreut) multitudo eremitarum unb 9, 1 in quibus locis (also Plural!) multi sunt eremitae. S. 25, 11 wird ein xenodochium in ber Wüste erwähnt, in quo habent quasi refugium transeuntes vel eremitae stipendia. So erklärt auch Pomialowsky in seinem Kommentar zu Silvia S. 209 ben Unterschied. Darum ist auch et nach G β in ben Text aufzunehmen.

Wie kläglich nimmt sich ferner bas eine Kreuz ber innumerabilis multitudo aus. Ist es nach ben oben besprochenen Stellen schon sehr wahrscheinlich, baß statt cruce, cruci (s) ober, cruces geschrieben werden muß, so kommt auch noch ein sachlicher Grund hinzu. Bei ähnlichen Gelegenheiten findet sich nämlich sonst immer eine Mehr= zahl von Kreuzen, z. B. Vita Hugberti (Arndt, Kleine Denkmäler aus der Merovingerzeit, Hannover 1874) c. 2, S. 55: Ibique excubias celebrant, cum reverentia ab urna lapidis auferentes, cum crucibus et cereis (hier scheint corpus ausgefallen zu sein) huius sancti grab- bato imponunt; c. 6, S. 57 veniensque Traiecto iuxta consuetam ordinem cum crucibus atque sanctorum reliquias, c. 13, S. 65: iam cum adpropinquarent locum, et ecce multitudo populi sacerdotes cum levitis, monachi cum agmina clericorum, turba copiosa, occur- rentes ei obviam cum crucibus et reliquiis sanctorum; c. 14, S. 69: Tunc iam dictus princeps una cum sodalibus suis arripuit corpus illius sancti et imponens eum feretrum — cum crucibus et cande- labris et turibus plurimis et reliquiis sanctorum; Ysonis de mira- culis s. Otmari, Mon. Germ. Hist. II, p. 53, 34: Nec mora cum crucibus et cereis atque turibulis sanctus vir ecclesia deportatur; Gesta abbat. Fontanell, ib. p. 285, 48: Facta est vero illi obvia omnis turba monachorum cum crucibus et vexillis. Mon. Germ. Hist. XV, 1, ex miraculis S. Germani, p. 15: infinitusque exercitus clericorum sive laicorum — cum capsis. evangeliorum crucibusque ac cereis.

4, 17.

De Nazareth venimus in Thabor montem (Tabor monte G), qui mons exivit in medio campestri. Terra viva (terram vivam G) tenens circuitum (in circuitu G) milia tria, susum (susu R) contra unum miliarium planum (planus R G, planum β).

Die Übersetzung Gildemeisters S. 37 ist teilweise unverständlich: „Von Nazareth kommen wir auf den Berg Thabor, der mitten aus dem Gefilde emporgestiegen ist. Culturfähiger Boden; als Umfang 6 Meilen, als Aufstieg 3 Meilen haltend; oben in entgegengesetzten Richtungen (?) eine Meile eben." Nach der Übersetzung Gildemeisters sieht es gerade so aus, als ob Antonin von der Entstehung des Berges, etwa durch vulkanische Kräfte, spreche. Davon kann natürlich nicht die Rede sein, vielmehr ist exivit (diese Perfektform auch 8, 18) korrupt. Der Schreiber von V hat gewiß mit Recht exit vermutet, umsomehr als auch an anderen Stellen die Perfektform exiit statt des Präsens steht, wie 5, 16 (von Gildem. nicht geändert) und 30, 11; Theodos. § 65; rediit = redit bei Hrab. Maurus zu Matth. XII, 45 (Eine Würzburger Evangelienhandschrift, besprochen von K. Köberlin, Programm von Augsburg 1891, S. 29); um= gekehrt audit statt audiit Antonin 17, 13. Es heißt also „ein Berg, der sich mitten in der Ebene erhebt." Zur Sache vgl. Socin in Bädekers Palästina und Syrien 1880, S. 260 „Er erhebt sich über dem Tafelland ringsum zur Höhe von 615 m über dem Mittelmeer; überall ist guter Boden mit üppigem Graswuchs" und Arculfus II, c. 25 (p. 184). Auffallend ist der substantivisch gebrauchte Singular in medio campestri, während 6, 17 ber Plural so gebraucht ist: descendentes per campestria, unb 7,8 campania, wie Grom. p. 332, 22 (in campaniis) unb 331, 20 in campaneis, während 331, 22 noch locus babei steht: in campaneis locis unb 401, 16 campestria nur in Verbindung mit loca vorkommt. Arculfus gebraucht II, 1 ben Ausbruck in cuius campestri planitie unb II, 25 cuius in medio campo.*)

Terra viva ist als Apposition zu mons in Kommata einzu= schließen; benn tenens unb planus, wie mit G R zu schreiben ist, bezieht sich auf mons. Terra viva ist ähnlich wie petra viva 30, 19; im Gegensatz zum Tabor wirb 27, 14 vom Sinai gesagt: mons Sina petrosus, raro terram habet. Weiter ist mit G β in circuitu zu schreiben unb mit β, bessen Lesart Gilbemeister anzumerken ver= gessen hat, — in G fehlen bie Worte von ascensum bis contra — in ascensu. In circuitu steht auch 5, 1 in circuitu diversae civi- tates, quae leguntur in regnorum (zu bieser Ellipse vgl. Wölfflin Archiv II, S. 317 unb Silvia p. 40, 8 in libris regnorum) unb S. 27, 14 in quo per circuitum cellae multae servorum Dei; Arculfus II, c. 26 plurima extra muros in circuitu habens oliveta; Brevi- arius de Hieros. 34, 32. in circuitu omne de auro unb Bonnet p. 257 nebst Anm. 2. Antonin. 8, 3 ist in circuitu zur Präposition geworben: in circuitu vallis illius multitudo eremitarum, ebenso Bre- viarius S. 33, 16 in circuitu montis sunt cancelli de argento. Ganz ebenso gebraucht Silvia in gyro ober per gyrum teils abverbiell, teils als Präposition für circa, bas also ausstirbt, vgl. meine Krit. Bem. S. 19. Auch bei Soran 54, 11 findet sich in gyrum abverbial gebraucht, während Hod. Will. c. 23 in gyro noch burch circa ver= stärkt ist: in gyro circa vallem.

Wenn contra richtig ist, so kann es selbstverständlich nicht be= beuten, „in entgegengesetzten Richtungen", sondern könnte nur heißen „ungefähr", wie ad in β. Da aber biese Bedeutung nicht nachzuweisen ist, unb contra öfters von ber Richtung nach einem Ort hin (S. 11, 16 venientes contra Hierosolimam), besonbers von ber Himmelsgegenb (ab oriente contra occidentem veniens 12, 2) gebraucht wirb, wie bas griechische $\pi\varrho\delta\varsigma$, so ist vielleicht eher anzunehmen, baß bie Be= zeichnung einer Himmelsgegenb ausgefallen ist; es müßte nach Bäbeker, S. 260: „Oben auf bem Plateau kann man zwischen bem griechischen Kloster (N.) unb bem lateinischen (S.) hindurchreiten unb gelangt in 9 Min. zu ben Trümmern einer Burg, wo sich bie Aussicht gegen O. aufthut" orientem ausgefallen sein, ba Antonin von Nazareth auf ben Tabor gestiegen war, unb bieser Weg auch von Bäbeker be= schrieben wirb. Da ich weder bei Georges noch bei Kaulen ober Bonnet über biesen Gebrauch von contra etwas finde (vgl. jeboch Dräger I. S. 596), will ich selbst einige Belege bafür anführen: Grom. 334, 19: aquam vivam contra orientalem partem invenies;

---

*) Vgl. Appel a. a. O. p. 30.

336, 22: contra orientales partes terminum (habet); 337, 1: qui contra septentrionem descendit; Arculfus II, c, 6 (p. 171) que mille circiter passibus contra orientalem plagam distat a Bethlehem; II c. 9 (p. 173) sed ad meridiem verse et capita contra septentrionalem plagam conversa; Petrus Diac. p. 117 (Gam.) contra aquilonem, contra orientem; p. 118 contra meridiem unb contra aquilonem. Man könnte auch für contra an continuo benfen nach 27, 5 et ascendimus (R, ließ venimus mit Gβ) in montem continuo milia tria unb ib. 8: Inde ascendimus milia continuo tria in summum cacumen montis; ähnlich 2, 15; 19, 4: 21, 4; 22, 4; 31, 8.

Die Form susum auch 12, 13 (R) ift bie vulgäre für sursum, fiehe bie zahlreichen Belege bei Georges unb Hygin, Grom. 111, 26.

4, 20.

In quo sunt tres basilicae (basilicas G ecclesiae β), ubi dictum est a discipulo (ubi Petrus dixit ad dominum G, ubi dixit Petrus ad Jesum a): faciamus hic tria (trea G) tabernacula. Die Hauptverschieben= heit ber Überlieferung ift bereits oben in ber Einleitung befprochen. Mit G ftimmt auch a, bie verlorene Handschrift von Angers (Gilbem. S. 11) unb bie altfranz. Übersetzung aus bem 13. Jahrhundert (Tobler.=Mol. p. 384), indem bie erftere fchreibt: ubi dixit Petrus ad Jesum, bie letztere: là où saint Pères dist à nostre Seigneur. Die Übersetzung ftimmt auch 14, 8 apparet cruor sanguinis in petra nicht mit β, fonbern mit a, welches hier mit GR harmoniert, burch bie in β fehlenbe Hinzufügung von in petra überein, p. 387: et si apert sanc en la pierre.

Die vulgäre Form trea ift bezeugt burch eine altchriftliche In= fchrift unb burch Handschriften, von benen eine bis ins VII. Jahr= hunbert zurückgeht, vgl. Georges unb Ihm, Wölfflins Archiv VII, S. 65. Sehr oft finben wir biefe Form bei ben Gromatici 99, 3; 246, 7; 296, 1; 303, 2; 323, 15 unb bei bem Grammatifer Virgilius Maro (ed. J. Huemer) p. 12, 16; 14, 15; 41, 2; 64, 9; 72, 23.

5, 1.

Et ipse puteus est ante cancellos altaris et situlus (R, siclus G, situla β). Die wertvolle Form siclus (vgl. Groeber in Wölfflins Archiv V, S. 468) ift nur in G erhalten; boch hat R wenigftens bas Masculinum bewahrt (bei Georges aus Cato, Vitr., Paul. belegt). Bemerfenswert ift, baß nach Diez, Wörterbuch ber Rom. Sprach. I secchia fich bie Masculinform secchio, bie auf siclus zurückgeht, gerabe im italienifchen Wort secchio erhalten hat, währenb bas afr., span., port. bie Femininform aufweisen. Es würbe alfo biefe Form ben Verfaffer als Italiener verraten, wenn wir feine Heimat nicht fonft wüßten.

5, 9.

Dein (deinde G β) venimus in civitatem (-tate G) Tiberiada (-de G), in qua sunt (om R) thermae ex se lavantes salsae; nam aqua maris ipsius dulcis est. G ɦat ɦier thermas sex lavantes salsas, R termis ex se lavantes salsis, während β bie ſchwierigen Worte ex se lavantes einfach wegläßt.

Was die Form dein anlangt, ſo iſt ſie durch 1, 11 (⁊) nur ſchlecht beglaubigt; deinde verbient entſchieden ben Vorzug, ba es beſtätigt wirb burch 2, 1; 4, 1; 7, 7; 12, 9; 16, 3; 23, 1 (G, inde R, dein Br., exinde B); 23. 14 (G, exinde R, inde ⁊); 25, 12 (G, exinde R, inde β); 31, 4; 33, 4; 33, 12; exinde 1, 10; 5, 12 (R; et inde G iſt nur bie oft. vorfommenbe Verwechslung von et unb ex); 6, 15; 8, 18; 9, 19; 16, 4; 18, 3; 23, 5; 23, 14; 25, 12; 28, 8; 29, 21 (zweimal); 30, 4; 30, 6 (G); 31, 13; 31, 14 (R, deinde G); 33, 15; 34, 1 (G et inde); 34, 4.

Unſerer Stelle iſt ſehr ähnlich 8, 6: in quo loco sunt thermae ex (et G) se lavantes (lavant aus levant forrigiert R); an bieſer Stelle ɦat β ex se levantes unb 8, 13 ſtatt lavantur „levantur". Was heißt nun ex se lavantes? Gilbemeiſter überſeɦt, freilich ſelbſt zweifelnb, „von ſelbſt abwaſchenbe heiße Quellen", was natürlich in feiner Weiſe befriebigt. Man könnte benfen an ex se labentes, bie von ſelbſt hervorfließen; ex se „von ſelbſt" ſteɦt auch S. 11, 4: qui numquam seminatur, sed ex se nascitur. Aber eine Stelle bes Jtin. Burdig. p. 16 (Tobler= Molinier) ɦinbert uns, bie Überlieferung anzutaſten: ubi sunt et arbores platani, quas plantavit Jacob, et balneus, qui de eo puteo lavatur = ein Bab, welches von bieſem Brunnen geſpeiſt wirb. Demnach iſt lavantes reflexiv zu faſſen = ϑερμαὶ δι' ἑαυτῶν κατα- κλυζόμεναι „heiße Salzbäber, bie von ſelbſt ſich füllen; benn (vom See fönnen ſie nicht geſpeiſt werben, benn) bas Waſſer bes See's ſelbſt iſt ſüß", cf. Arculfus II, c. 18, S. 180: cuius aquae dulces et ad potandum habiles. Befanntlich wirb lavo ſchon im alten Latein nicht nur tranſitiv, ſonbern auch intranſitiv (reflexiv) = lavor gebraucht, ſo viel ſich aus ben Beiſpielen bei Georges ſchließen läßt, ſtets bei mehr ober minber vulgären Schriftſtellern, Plaut., Ter., Vitr., Suet., Treb. Poll., ähnlich wie mutare, movere, vertere von ben beſten Schriftſtellern medial gebraucht werben (Nägelsbach Lat. Stil. S. 340). Dieſer reflexive (ober intranſitive) Gebrauch tranſi= tiver Verba nimmt im Spätlatein mehr überɦanb. Petſchenig weiſt benſelben in Wölfflins Archiv III, 150 unb 284 für 7 Verba frangere, iungere (auch Vita Wand. p. 41: et non iungemus cum homicidas), mergere (vgl. Arbeo, Vita Corbin. p. 40, c. 11 cursu velocissimo vicinae silvae immergens), minuere, trahere, vertere, volvere bei bem afrifaniſchen Dichter Corippus aus ber 2. Hälfte bes 6. Jahrhunderts nach, was von Roßberg ib. IV, 44 burch Beiſpiele aus beſſen älterem Lanbsmann Dracontius beſtätigt unb burch 5 neue Verba crispare, rumpere, serenare, solidare, temperare, wozu noch aus Ennodius

(Archiv III, 442) corrigere kommt, vermehrt wird. Dem hier von Vogel nachgewiesenen reflexiven Gebrauch von corrigere entspricht emendare Vita Hugberti c. 4, p. 56: Vade in nomine Domini et emenda (nach Joh. V, 14 vade et iam amplius noli peccare) und Expositio fidei bei Caspari, Kirchenhist. Anecdota S. 289: quicumque commisit, cito emendet. Derselbe Sprachgebrauch findet sich nun besonders oft in der Schrift des Theodosius, de situ terrae sanctae, ed. Gildemeister, Bonn 1882, den wir un= bedenklich auch als Afrikaner bezeichnen dürfen. Denn da derselbe von Memphis berichtet §. 56: ibi sunt duo monasteria; unum est religionis Wandalorum et aliud Romanorum, so schließt der Heraus= geber mit Recht, nur in Nordafrika könnten die Arianer als Wandali bezeichnet werden; dort also sei die Heimat des Verfassers, der 520— 530, also ein Menschenalter nach seinem Landsmann Dracontius, schrieb, zu suchen. Wieder begegnet uns mergit §. 81 in qua civitate fluvius exit et ad caput civitatis mergit sub terra, quia ipse fluvius omnis muro cinctus est. Hod. Willib.c. 16, S. 262 Mon. Germ. XV, I p. 96 et sic demerguntur in aquam hat cod. Monac. 4585 und Vallicell. demergant se. Vita Hugb. c. 9 p. 58: qua ipsa (navi) mergente cuncti in aqua cecidimus. Wenn dagegen §. 70 cod. B hat ubi Sodoma et Gomorra dimerserunt statt dimerse sunt, so ist dies wegen der Wertlosigkeit der Handschrift nur als Schreibfehler, als die so oft vorkommende Verwechslung von s und r zu betrachten, §. 45 schreibt z. B. W remissus statt se mis-sus. Statt minuere tritt das Kompositum diminuere auf §. 70 ibi est uxor Loth, quae facta est statua salis, et quomodo crescit luna, crescit, et quomodo minuitur (so die beste Handschrift P, se minuet GW) luna, diminuit (GW minuit) et ipsa; von Gildemeister unnöti= gerweise in deminuitur korrigiert. Für iungere tritt coniungere auf §. 13: et subtus civitatem coniungunt ad par (die Flüsse Jor und Dan). §. 73 et in resuscitatione s. Lazari in ipso loco ante pascha dominicum omnis populus congregat (G convenit). Silvia gebraucht dafür immer se colligere 77, 15 similiter se omnis multitudo colliget ad Anastasim; 79, 7 und 14; 82, 15; 84, 11; 92, 6; 93, 8. §. 66 quae ecclesia super cameras maiores excelsa fabricata est pro Jordane, quando implet. Auffallender noch ist §. 64 Ager domini qui est in Galgala inrigat de fonte Helisaei, vom Herausgeber gegen die Handschriften (G P) inrigatur korrigiert. Am wenigsten auffallend ist natürlich §. 65 et ibi aquae calidae sunt, ubi Moyses lavit, et in ipsis aquis leprosi curantur. Endlich §. 54 et cum ibi venerint, maris desiccat milia VI*). Somit haben wir bei Theodosius auf

---

*) Einfaches siccare als intr. findet sich belegt bei Georges und Bonnet a. a. O. p. 631 Anm. 9 (siehe überhaupt den ganzen Abschnitt p. 628 ff.: confusion de l'actif et du passif): Probablement aussi siccare est intran-sitif h. Fr. 4, 34 p. 169, 19 ut annonas siccare ponerent. Analog ist extinguo intransitiv angewendet Vita Hugberti c. 8 p. 58: A

295 Zeilen, d. i. etwas über 9 Teubnerseiten, nicht weniger als 8 Beispiele. Aber dieser Sprachgebrauch ist, wie wir gesehen haben, nicht auf Afrika beschränkt, wenn er auch dort besonders ausgebildet gewesen zu sein scheint; so finden sich denn auch bei Antonin einige Beispiele. Mergere freilich wagt er nicht, sondern schreibt S. 8, 16 vom Toten Meer: quidquid ibi iactatum fuerit, in profundum demergitur. (Nebenbei möchte ich bemerken, daß an der sachlich übereinstimmenden Stelle des Jtin. Burdig. S. 19 (Tobler-Molinier) et si quis hominum miserit se, ut natet, ipsa aqua eum versat statt des letzten Wortes mersat zu emendieren ist.) Dafür erhalten wir aber 30, 12 ein neues Beispiel quo maris loco culfus exit de pelago maiore et extendit intus in multis milibus. Lavare endlich gebraucht Antonin von Personen stets für lavari, wie 8, 13 ad vesperum lavant (B lavantur) in illas thermas (so G, ipsas thermas Br.) Moysi; 18, 11 in uno lavant (R, lavantur Gβ) viri; 18, 14 in qua assidue populus lavant (lavantur populus assidue β). Wenn B schreibt lavat, so ist dies eine wertlose Korrektur der Überlieferung, da die Volkssprache solche Konstruktionen nach dem Sinn liebt (Schmalz in J. Müllers Handb. II, 252), vgl. Silvia p. 100, 22 et inde omnis populus — ducunt episcopum usque ad Syon; ebenso 103, 12 und ähnlich 102, 1 (vgl. meine Krit. Bem. S. 16, sowie Bonnet p. 499). 20, 4 dagegen: et ibi lavant (so R, labantur G, lavantur β) omnia, quae sunt necessaria in civitate, ist jedenfalls lavantur zu schreiben, da kein reflexives Verhältnis, sondern reines Passiv vorliegt. In dem Ausdruck thermae ex se lavantes steht nun gar das Verbum im Partizip, also in der Form, welche für die intransitive Auffassung am zugänglichsten war (vgl. Nägelsbach, Lat. Stil. 6 p. 276 nebst Anm., Bonnet p. 632, Schmalz in J. Müllers Handb. II, 284), weshalb Roßberg, Archiv IV, S. 46 mit Recht sagt: „Der Mangel eines Part. Praes. Pass. gab Anlaß einen Ersatz zu suchen; da nun aber die Deponentia ihr Part. Praes. in aktiver Form bildeten, so war dies eine Art neutrales Gebiet, auf welchem aktive und passive (= intransitive) Bedeutung zusammentrafen. War erst einmal diese Brücke zwischen Aktiv und Passiv, resp. Deponens, bei einem Verb

---

divina potentia ignis in se retortus nihil procul damnum fecit, sed per eius merita evidenter extinxit. Auf derf. Seite navis scindebat. In den Dicta abbatis Pirminii c. 26 p. 180 (Caspari) beweist zwar quare tam tardi sumus ad convertendum vel emendandum nichts, da die Gerundia auch in passiv. Sinne gebraucht werden, und in dieser Schrift sich sonst sie emendare findet, z. B. auf derselben Seite, wohl aber steht ebendaselbst convertamus ad omne opus bonum, dagegen ebendaf. in einem Bibelzitat nolite tardare converti ad dominum. In der Rede an Getaufte, Caspari a. a. O. p. 208 steht caveat; ne ad ipsa (peccata) iterum revolvat; mit der Anm. des Herausgebers: „Man erwartet se revolvat oder revolvatur." Vita Hugberti c. 13 p. 66: Simile factum est, quasi viva res in strato illius moveat. Über den intransitiven Gebrauch speziell des Verbums movere vgl. die reiche Sammlung von Belegen bei Wilhelm Kalb, das Juristenlatein, 2te Aufl. Nürnberg, 1888. S. 15.

geschlagen, so wird es erklärlich, wenn nun auch andere Formen nach=
brangen."

Ich erinnere zum Schluß nur noch an das in meroving. Urkunden
so ungemein häufig vorkommende in loco nuncupante etc. etc., ebenso
in Arbeos Vita Emmerrammi, ed. Sepp, Brüssel 1889, p. 29: ad
villam Aschheim publice nuncupantem, wofür die interpolierten
Handschriften nuncupatam bieten. Mon. Germ. Hist. XV, 1 p. 15:
ex miraculis s. Germani: fratribus ex ipso (vino) cotidie reficientibus,
dagegen weiter unten: cum eorum corpora more solito reficerentur.
Über den intr. Gebr. von reficere siehe Rönsch, Semasiol. Beitr.
III 70 u. Petschenigs Index zu Cassian.

5, 11.

Quod mare (qui maris G, quae mare β) circat (circa B, circat Br)
milia sexaginta (sex et centa G, VIII β). Item venimus in Capharnaum.

Qui maris, also maris als Mascul., ist auch bezeugt durch Theo=
bosius § 54 maris desiccat (P, recedit maris G) und § 70 ipse est
maris mortuus, sowie durch eine Inschrift Corp. Insc. Lat. 5, 3014,
der Akk. marem Inscr. bei Visconti Mus. Pio - Clem. tom. 1, p. 67
usque ad marem (Georges). Bonnet p. 348 führt noch an C. Insc.
Lat. III 1899 cuius membra consumsit maris und H. Fr. 8, 24
p. 340, 19 cuncta maris operuit. Nach Sittl, Lot. Versch. S. 50
soll maris = mare gar dalmatinisch sein!

Nun könnte die Stelle nur bedeuten, wie Gildem. S. 38 über=
setzt: „Das Meer hat 60 Meilen im Umfang" (in Wirklichkeit aller=
bings nur 37 1/2). Dabei würde weniger der Abstand zwischen dem
durch Konjektur gewonnenen und dem wirklichen Umfang Bedenken
erregen, als vielmehr circare in der ungewöhnlichen, sonst nirgends
bezeugten Bedeutung, denn an allen anderen Stellen bedeutet es,
„um etwas herumgehen, umkreisen" vgl. Wölfflin in Archiv III,
S. 559, Georges und Diez, Wörterbuch der Roman. Spr. S. 95.
Nun sagt Arculfus II, c. 18, S. 180: Noster saepe memoratus
sanctus Arculfus mare Galilaeae, quod et lacus Cinnereth et mare
Tiberiadis nominatur, ex maiore circumivit parte und Hod. Willib.
c. 14, S. 261 wird erzählt: Et inde (a Tiberiade) ibant circa
mare et pergebant secus vicum Magdalem et veniebant ad illum
vicum Capharnaum. Deshalb schlage ich vor zu lesen: Quem marem
circantes milia sex vel septem (aus sex et centa item) venimus in
Capharnaum. Die Entfernung von Tiberias nach Tell Hûm (Kaper=
naum) beträgt nach Bädeker S. 268 etwa 3 Stunden, nach Theo=
bosius § 9—11 acht römische Meilen.

5, 13.

Exinde transeuntes per castra vel vicos aut civitates venimus
ad duos fontes, hoc est Jor et Dan, qui (mit G R ist que = quae
zu schreiben) in unum iuncti (R G iuncte) sunt et vocatur Jordanis,
parvus omnino, qui ingreditur in mare, pertraicit (pertracide G,

pertrahit R, pertransit β) [aquam maris] totum pelagus (aquae
maris totum pelago G, totum maris pelagus β) et exiit (ließ exit)
in alio littore maris.

Abgesehen davon, daß man von einem Fluß nicht sagen kann
traicit mare und daß das Kompositum pertraicit lediglich eine
Schöpfung Gildemeisters ist, ist pertransit, die Lesart von β, so
vollständig passend, daß über ihre Richtigkeit kein Zweifel bestehen
kann. Dies Verbum, das zuerst bei Plinius 37, 68 vorkommt, ist
außerdem bei Georges ausschließlich durch Stellen aus Vulgata und
Itala belegt und wird auch von Silvia S. 96 dreimal gebraucht
(siehe Wölfflin, Archiv IV, S. 268), bei der auch ein anderes
sonst nur spärlich bezeugtes Doppelkompositum von eo, perexeo des
öfteren, S. 97, 1 u. f. w., Verwendung findet. Letzteres ist auch
bei Theodosius wiederherzustellen S. 24, § 62 Phison autem inrigat
omnem terram Aethiopiae, et perrexit ad Aegyptum. Der Schreiber
des cod. G hat erkannt, daß hier ein Perfekt nicht am Platz ist
und schreibt daher kurzweg dafür pergit. Die einfachste und rich=
tigste Heilung ist natürlich perexit = er fließt durch Äthiopien
hinaus nach Aegypten. Wie mit per mußte sich transeo auch eine
Zusammensetzung mit re gefallen lassen retranseo, 335, 23 Grom.
Lat. ipsum rivum limes transit et retransit, wie denn diese Doppel=
komposita (auch perdescribantur 365, 21 und das singuläre trans-
pertusus 305, 6 und 360, 13) für den vulgären Charakter der
Sprache bezeichnend sind. Im Hod. Willib. c. 14, p. 261 finden
wir pertranseo in seine Bestandteile zerlegt: et ibi Jordanis transit
per medium mare. Da den gleichen Vorgang Arculfus II c. 17,
S. 180 beschreibt Postea lacum, qui Genezar dicitur, medio transit
fluento, so scheint mir die Richtigkeit von pertransit unanfechtbar.

Da der nämliche Autor vom Durchfluß des Jordan durchs Tote Meer
sagt, cuius talis color mare Salinarum intrantis longo maris tramite
a colore maris mortui per alveum eius facile discerni potest, so ist
vielleicht die scheinbare Abundanz des Ausdrucks, welche den Herausgeber
zur Tilgung von aquam maris veranlaßt hat, durch Annahme eines
ähnlichen Ablativs toto pelago zu erklären. Pertransit aquam maris
toto pelago „er durchfließt das Wasser des Meeres in der ganzen
Ausdehnung des Sees." Das Wort pelagus (vgl. darüber auch
Bonnet 217, 3) kehrt nochmals wieder S. 30, 11 culfus exit de
pelago. Wir haben also eine zweite aus dem Griechischen entlehnte
Bezeichnung einer Wasserfläche, besonders wichtig, weil es die älteste
Stelle ist, an der uns diese Form begegnet (vgl. Archiv VII 443),
die dann erst wieder im Georgr. Ravennas vorkommt. Das seltene
Wort steht aber auch in einer dem griechischen colpos noch näher
liegenden Form culpus in den besten Handschriften des Arculfus, den
codd. Brux. und Bern. saec. IX, II c. 28, S. 189: Hec (Alexandria)
longo murorum ambitu crebris insuper turribus communitorum per
marginem fluminis et oram curvi (culpi B., Bern., V., R.) maris
ambitur compositorum. Den nämlichen beiden Handschriften verdanken

wir auf der gleichen Seite die Erhaltung eines dritten vom griech. ϑολός abgeleiteten Ausdrucks für Waffer, der, wie es scheint, Britannien eigentümlich ift, bisher nur bekannt aus den Famina Hisperica, herausgeg. von Stowaffer (Programm des Franz=Joseph=Gymnasiums Wien 1887) 5, 15; 6, 1 u. f. w. cataracte hoc est fluminales aquarum colles, letzteres Wort nur schlechte Konjektur für tolli, Bern., B., V.

5, 17.

Transivimus Jordanem in ipso loco. Venimus in civitatem, quae vocatur Gadera, quae ipsa est Gabaon (Gilbem. korrigiert Galaad). Ista parte civitatis (iste und civitm G, civitate R) ad miliaria tria (trea G) sunt aquae calidae.

Sicherlich ift in R und G vor ista ein in (i) ausgefallen, wie in der That an mehreren anderen Stellen vor oder nach i in ausgefallen ift; β hat in ista parte civitatis. Vgl. 19, 16 nam et in ipsa provincia (in om. G); 22, 11 nam in (om. G) ipsis montibus; 16, 20 crux beati Petri, in (om. G) qua crucifixus est.

Ista parte paßt nicht zur Stadt, sondern nur zur Bezeichnung der Seite des Fluffes, vgl. 7, 22 in (om. G) illa parte Jordanis est fons, ubi baptizabat sanctus Johannes, ad Jordanem (in Jordane R) milia duo (dua G; das ift die inschriftlich aufs befte bezeugte vulg. Form, siehe Georges); wahrscheinlich ift zu lesen a Jordane m. d. (β hat inde ad Jord. m. d.), S. 10, 5 in illa ripa Jordanis est spelunca; 10, 14 in ista vel in illa ripa Jordanis. Da nun in R und G nicht civitatis steht, sondern civitatem oder civitate, so ift vielleicht herzustellen: in ista parte Jordanis, a civitate ad miliaria tria, umsomehr als kurz vorher erzählt wurde transivimus Jordanem. „Auf dieser Seite des Jordan, etwa 3 Meilen von der Stadt, sind warme Heilquellen.“

5, 21.

Der Satz wird fortgeführt: quae appellantur thermae (thermas G, termes R) Eliae (Heliae R G, so auch immer bei Silvia, siehe den Index bei Gamurrini), ubi leprosi mundantur, qui e xenodochio habent de publico delicias. Hora vespertina mundantur thermae. Ante ipsum clibanum aquae est solius grandis. Qui dum impletus fuerit, clauduntur omnia ostia.

Habent de publico delicias heißt kaum: „Sie haben auf öffentliche Kosten behagliches Leben“ (so Gilbem. S. 38), sondern, da nach Du Cange s. v. Deliciari und Delitiari dies Verbum bei mittelalterlichen Schriftstellern = epulari ift, so ift wohl hier deliciae = epulae, vgl. S. 29, 12 annonas et vestes de publico accipientes. Auch Gilbem. S. 39 Anm. 13 zweifelt an der Richtigkeit von mundantur thermae. Mir ift es auch deshalb bedenklich, weil es unmittelbar vorher (5, 21) und nachher (6, 7), sowie 18, 13 und 19, 15 von der Reinigung der Aussätzigen gebraucht ist. Ich denke an inundantur = implentur bei Eucherius c. 6 S. 52 (Tobler=Mol.) Bethesda gemino apparet insignis lacu, quorum alter hibernis plerumque impletur imbribus; denselben Sinn hat weiter unten bei Antonin S. 18, 15 irrigare: nam in illis soliis certis horis fons ipse (ipsa G) irrigat aquas multas.

Inundantur würde einen passenden Gegensatz bilden zu 6, 6 abstinentur ipsae thermae septem diebus.

6, 5.

Gilbem. schreibt mit R: et dum soporati fuerint, videt ille, qui mundus est (G vident de illo, qui curandus est, β videt ille, qui mundatus est) aliquam visionem — et intra septem dies mundatur. Übersetzung S. 39: „Und während sie eingeschläfert sind (doch wohl: wenn sie eingeschlafen sind), sieht der, welcher rein geworden (dieß Wort ist ein offenbares Verlegenheitsmittel) ist, eine Vision — und innerhalb der 7 Tage wird er rein." Einen schreienderen Widerspruch kann es kaum mehr geben; deshalb verdient die Lesart von G qui curandus est weitaus den Vorzug: „Der, welcher rein werden wird, sieht eine Vision," d. h. hat einen Traum. Daß dum hier nicht während, sondern wie unzähligemale im Spätlatein = cum „wenn" bedeutet, sieht man schon aus dem Tempus und bedarf keines weiteren Beweises, ebenso wie 6, 2 dum impletus fuerit und 6, 6 dum eam recitarit. Daß videt ille (R β) die richtige Lesart ist, erhellt aus den auf visionem folgenden Worten et dum eam recitarit (recitaret G R, also Singular), abstinentur ipsae thermae septem diebus. Qui curandus est (möglich wäre auch mundandus est, — auch bei Theodosius § 65 schwanken die Handschriften zwischen beiden Verbis et in ipsas aquas calidas leprosi curantur P, mundantur G —) steht für das Futur Passiv, vgl. Roensch, Itala und Vulgata S. 433: Mt. 17, 22 filius hominis tradendus est [μέλλει παραδίδοσϑαι] in manus hominum. Eccl. 1, 9 ipsum quod faciendum est [τὸ ποιηϑησόμενοι] und Bonnet p. 654.

6, 16.

Descendentes per campestria, civitates vel vicos (vica G) Samaritanorum et per plateas: unde transivimus sive nos sive Iudaei, cum paleis (paleas G) vestigia nostra incendentes; tanta illis est segregatio (G, exsecratio R β) utrisque (utrasque G).

Der Anfang des Satzes erinnert an 5, 13 exinde transeuntes per castra vel vicos aut civitates, wo aber castra ganz gewiß nicht „Zeltlager" bedeutet (so Gilbem.), sondern befestigte Plätze oder Städte (vgl. Du Cange s. v. castrum und castellum). In demselben Sinn wird castellum gebraucht S. 30, 1: in quo loco est castellum (—us G) modicum (—us G), quod (qui R, quae G) vocatur Surandala nihil habens intus praeter ecclesiam et duo xenodochia propter transeuntes; 30, 5 et illic similiter castellum modicum, infra se xenodochium; 30, 9 ibi est et civitas modica, quae appellatur Clisma, dagegen Silvia 46, 6 qui locus nunc de castro, quod (cod. qui) ibi est, appellatur Clesma. Vgl. auch Silv. 47, 2, 11 u. 14; 48, 6. Wegen der befremblichen Zusammenstellung per campestria, civitates vel vicos könnte man versucht sein nach 5, 13 statt campestria castra zu schreiben; doch wird der Anstoß gehoben, wenn wir civitates vel vicos Sam. als nähere Bestimmung zu campestria fassen. Ganz absonderlich ist die Übersetzung Gildemeisters: „Wo wir durch Gefilde, Städte und Dörfer der Samariter und durch Straßen hinabgehend, oder Juden vorbeikommen, stecken sie unsere Spuren mit Spreu in Brand; solche Geschiedenheit waltet zwischen beiden." Dabei ist am Anfang „Wo" eingeschwärzt, dagegen unde unübersetzt geblieben. Ich übersetze mit veränderter Interpunktion: „Wir stiegen durch die Ebene, und zwar durch die Städte und Dörfer der Samariter hinab; und auf den Straßen, durch die wir oder Juden kamen, steckten sie unsere Spuren mit Spreu in Brand, solcher Abscheu herrscht zwischen Beiden."

Platea Straße auch 17,11 sub platea, quae decurrit ad Siloam fontem, während es bei Arculfus S. 185 in eadem quoque superiori platea ternae fundatae sunt ecclesiae Ebene bedeutet. Über unde == per quem quam quod vgl. Bonnet p. 580, Greg. conf. 13, p. 755, 22 in loco unde nobis est transitus.

Segregatio ist außerordentlich matt und wohl nur ein leicht erklärlicher Schreibfehler in G; denn daß die Samariter sogar die Fußspuren der Juden vertilgen, ist doch eher ein Zeichen des Abscheus als der Geschiedenheit. Descendentes und incendentes sind statt des Verbum finitum gebrauchte Partizipien. Die Vulgärsprache umschreibt gern das einfache Verbum durch das Partizip mit Formen von esse, vgl. Köhler, Acta Sem. Erl. I p. 499 f. und Thielmann, „Über Sprache und Kritik des lat. Apolloniusromanes", Progr. v. Speier 1881, S. 41; Kaulen, Handbuch zur Vulgata, S. 235; W. Hartel, Lucifer von Cagliari und sein Latein in Wölfflins Archiv III, S. 36 f.; Schmalz in J. Müllers Handb. II p. 250. Der Verfasser unseres Itinerars geht noch einen Schritt weiter, indem er auch noch die Formen von esse wegläßt, so daß nur das Partizip übrigbleibt, vgl. die Einleitung Gildem. S. XIX. Aus Gregor von Tours ist diese Erscheinung belegt bei Bonnet p. 651—53. Nirgends aber habe ich sie häufiger gefunden als in der Vita Wandregiseli und Hugberti (Arndt kleine Denkm. aus der Merowingerzeit), öfters kommt sie auch in den langob. Gesetzen vor, z. B. Ed. Rotharis 195. 196. 197. 208. 209. 210; auch in der lex Rom. Utin., z. B. 63, 12: quicumque homo faciens testamentum et postea herides sui dixerunt etc. bei Stünkel a. a. O. S. 590. Ich finde nirgends, auch nicht bei Bonnet, eine hierauf bezügliche Stelle des Grammatikers Virgilius Maro angeführt, die zeigt, wie allgemein verbreitet dieser

Gebrauch zu seiner Zeit war: Epitom. IX, p. 71, 13 (ed. Huemer): ipsa autem participia, quandocumque verbis fuerint applicata, tamquam verba sonabunt, nec gestu separabuntur, sed sic gestu utentur conpositive, ut legens eram pro legebam vel legi et legens ero pro legam und Epist. V, p. 163, 28 Verum de participiis ista sufficere crederemus, nisi quia quaedam quaestio doctoribus imminet, ut putent quia omnia participia omnis temporis pro verbis ponenda, sicut Ossius et Perrichius et Galbarius et ceteri Latinorum praesumunt. Nam Galbarius in quodam volumine immenso, quod de commentariis creati seculi condiderat, habundanti quidem sed eloquenti, omnia pene participia pro verbis sumpserat. — Vides omnem texturam huiusce operis per participia verborum loco posita directam et haec consuetudo vetusta tenuit fortitudinem per multas Africae atque Europae provincias, ut participia pro verbis sumi soleant.

6, 20.

Christianis quidem responsum faciunt, ea sane ratione, ut quod habes (R, habis G, vis β) emere non tangas, antequam pretium des; quod si tetigeris et non comparaveris, mox scandalum. Nam foris vico unam (una R) condomam habent positam, qui faciunt responsum. Ipsos nummos in aquam iactas u. s. w. Es läge nahe habes in aves zu korrigieren, wie Vinetus Auson. epist. p. 178, 32 cetera quae noscere habes geändert hat, und in der That hat β habes mit vis übersetzt; aber habeo hat die Bedeutung μέλλειν, wie Roensch Itala S. 447 mit vielen Beispielen nachweist, ebenso Thielmann Archiv II, 178. Gildem. übersetzt condoma hier und 29, 10 mit Außenposten „Denn außerhalb des Dorfes haben sie Außenposten aufgestellt, die Rede stehen". Aus Du Cange hätte er sehen können, was condoma heißt; denn dort wird eine Papiasglosse angeführt: condoma domus cum curia et ceteris necessariis. Auch kann qui faciunt responsum, nicht auf unam condomam bezogen werden (unam hindert Gildem. nicht condomam mit dem Plural zu übersetzen), sondern der Relativsatz ist das Subjekt zu habent positam. Zu positum habere als einer Wendung des Kurialstils vgl. Thielmann, Archiv II, S. 408 und W. Kalb Juristenlatein, S. 18. Responsum facere heißt nicht „Rede stehen", sondern ist offenbar hier ein technischer Handelsausdruck; responsum facere wird wohl heißen auf die Nachfrage nach einem Artikel antworten, ihr entsprechen, und wäre somit das Korrelativum zu quaerere, das im Spätlatein nicht nur nach etwas fragen, sondern auch etwas verlangen bedeutet. Ganz ähnlich heißt es bei Gregor v. Tours h. Fr. 3, 34 p. 137, 17 cum hi negutium exercentes responsum in civitate nostra praestiterint, wozu Bonnet p. 247 bemerkt: Il y a là un terme technique qui ne s'éclairera que si l'on en découvre autres exemples.

7, 15.

Exeunte sole venit (nubes) super Hierosolimam super basilicam, quae est in Sion et super basilicam ad monumentum domini et super basilicam sanctae Mariae et ad sanctam Sophiam (G et sancte Suffie). Möglich ist sowohl die Lesart von R β, da öfters der Name des Heiligen für den der Kirche gesetzt ist 23, 4 quae serra pro testimonium ad sanctum Zachariam est posita und 21, 6 quae basilica ad s. David appellatur, als auch die von G; vielleicht ist die ursprüngliche Lesart aus beiden zusammen zu erschließen: ad sancte Suffie, da solche Ellipsen nach dem Beispiel ad Dianae auch vom Kirchenlatein nachgebildet wurden, vgl. Wölfflin ,Genetiv mit Ellipse des regierenden Substantivs' Archiv II, S. 368. Die Form Suffie findet sich auch Chron. Goth. 644.

8, 4.

Ibi proxima (R, in proximo G, et ibi prope β) est civitas. Daß hier G allein die richtige Überlieferung hat, liegt auf der Hand; denn R und noch mehr β verraten zu deutlich die Hand des Korrektors. In proximo wird wie das oben besprochene in circuitu und in giro bald adverbial angewendet, wie hier und 23, 13 et in proximum (natürlich ist mit G zu schreiben in proximo) civitas (G civitatis) Majoma Ascalonitis, bald als Präposition, wie 31, 17 in proximo catarractarum ex utraque parte Nili sunt duae civitates.

8, 7.

Est ibi fons aqua dulcissima schreibt Gildem. mit R, G aquam habens dulcissimam, während β ändert et ibi est dulcissimus aquae fons. Ein Ablativ der Eigenschaft, wofür Gildem. aqua dulcissima hält, ist hier unmöglich, umsomehr als gerade der Ablativ am ersten durch Präpositionen umschrieben wurde. Für G spricht auch Silvia S. 41, 17 ante ipsam autem ecclesiam hortus est gratissimus habens aquam optimam abundantem.

8, 14.

Nam et generalitati (R, generalitate β, generalicia G) est aliqua paramythia (—mitia G).

Vielleicht ist ein Substantiv generalitia (G) doch nicht unmöglich (natürlich hier generalitiae), wenn dasselbe auch sonst nicht nachweisbar ist, nach Analogie von latitia und longitia bei den Gromatikern, vgl. Pott in Cäsars Zeitschrift für Altertumswissenschaft XII „Das Latein im Übergang zum Romanischen", S. 223.

9, 10.

Completis matutinis (completo matutino si R, completo matutinas G, completis matutinis β) albescente die procedunt ministeria sub divo, tenente diacono (et tenent ea diaconi G, et diaconi tenentes sacerdotem β) descendit sacerdos in fluvium (fluvio G). Es ist zu lesen: Completo matutinas procedunt ministeria sub divo; et tenentes diaconi (nom. abs.) descendit sacerdos in fluvio. Den ganzen Saß hat Gildemeister mißverstanden, wenn er übersetzt: „Nach Vollendung der Matutinen beim Morgengrauen zieht die Geistlichkeit unter freiem Himmel in Prozession auf. Vom Diakon gehalten steigt der Priester in den Fluß." Completo ist ganz zur Präposition geworden, wie das oben berührte excepto (vgl. darüber auch Diez, Gr. b. Rom. Spr. S. 899), exceptato oder excluso Marini pap. 93, 49 excluso omnia beneficia; davon ist der Akkusativ matutinas (G) oder matutinos, von dem noch die deutlichen Spuren bei R in matutino si vorliegen, abhängig. Wie hier, so schwanken auch im vorausgehenden Saß die beiden Handschriften G und R im Genus: gallo quarto aut quinto fiunt matutinae (—a G, —i R). Das gleiche Schwanken findet bei diesem Wort auch in den Handschriften des Gregor von Tours statt, Bonnet p. 241 nebst Anm. 4 u. 5. Da G nach completo matutinas hat, so ist die vorausgehende Form fiunt matutina wohl als „matutinas" mit abgefallenem s zu erklären. Denn wie bekanntlich im Spätlatein überhaupt gerade in der 1. Deklination sehr häufig Akkus. Plur. für den Nominativ eintritt, (vgl. D'Arbois de Jubainville, La déclinaison latine en Gaule, à l'époque Méro-vingienne, Paris 1872, p. 20 ff.), so auch in unserer Schrift, natürlich nur im cod. G: S. 5, 1; 9, 20 u. 21; S. 4, 20; 8, 15; 11, 13; 16, 12; 17, 8 (auch R); 19, 21 u. 22 (auch R); 27, 16; 29, 10 (auch R). Außerdem heißt ministeria nicht die Geistlichkeit, sondern das ‚Kirchengeräte', eine Bedeutung, die sich aus der profanen ‚Tafel= geräte' entwickelt hat (Geschirr für Speisen und Getränke, Service Paul. sent. 3, 6, 86; Lamprid. Alex. Sev. 34, 1; Hist. Apoll. 14). Über diese Bedeutung vgl. meine Krit. Bem. zu Silvia, S. 35 und Bonnet p. 239 nebst Anm. 2 und 3. Der Sinn ist der gleiche, wie bei Silvia S. 83, 4 ministerium omne genus profertur illa die. Die irrige Auffassung Gildem. wurde jedenfalls veranlaßt durch den auffallenden Gebrauch von procedere bei sachlichem Subjekt; derselbe ist aber nicht mehr befremdend als der oben besprochene von residere und sedere (15, 5 und 4, 2) und kehrt wieder 15, 3 :- Procedente sancta cruce ad adorandum de cubiculo suo et veniens (nom. abs.) in atrium, ubi adoratur, eadem hora stella apparet in caelo. Ähnlich ist Il. Σ 180 σοὶ λώβη, αἴ κέν τι νέκυς ᾐσχυμμένος ἔλθῃˊ ἐλθεῖν von einem Leichnam gebraucht, der doch nur getragen werden kann.

Zur Situation ist zu vergleichen Vita Hugberti c. 8, p. 58. 2: tunc nos tenente (s) ei manus sustentatus usque ad larem per-venimus, wo auch der Nom. absol. der gleiche ist, und c. 9 tunc una de manibus sustentatus super stipites, qui figendi erant; endlich c. 11, S. 62 ascenso equo cum manibus sustentatus usque ad domum propriam pervenit.

9, 15.

Et omnes Alexandrini habentes naves homines suos die illo ibi habent, habentes colathos (colacos G, oder gar colaphos R) plenos cum aromatibus et balsamo (aput balsamo G). Hier scheint ein Fehler schon in der Quelle aller unserer Handschriften vorgelegen zu haben, den R und β überkleistert haben, indem sie das ihnen überflüssig scheinende aput einfach ausgelassen haben. Es steckt natürlich darin opobalsamo, worüber Beda de locis s. c. X gehandelt ist.

Die Stelle ist für den Stil unseres Autors charakteristisch, der ruhig auf zwei Zeilen das Verbum habere dreimal gebraucht, noch dazu zweimal in der gleichen Form.

9, 17.

Et hora qua benedixerit (benedixerint β) fontem, antequam (contequam G; Anon. Vales. p. 295, 1 ist überliefert detectus conte ab eo praeventus in palatio, wofür Hadrianus Vales. caute vorschlug, von Mommsen emendiert ante) fontem, antequam incipiant baptizare, omnes fundunt (fundent R G) illos colathos (illos colaphos R choscola G) in fluvium (fluvio G) et tollunt (tollent R, tollebant G) inde aquam benedictam.

Hier ist incipiant in incipiat zu bessern, da doch nur der eine sacerdos tauft; der Fehler stand offenbar schon im Archetypus unserer Handschriften und hat in der Klasse β die weitere Änderung von benedixerit in benedixerint nach sich gezogen, was aber in Widerspruch steht zu 9, 11 et hora, qua coeperit benedicere aquam.

Das Schwanken zwischen i und e zunächst in der 3. Person Singularis, so daß Verba der 3. Konjugation auf et statt auf it ausgehen, zog überhaupt eine Unsicherheit in der Konjugation nach sich, und hatte zur Folge, daß das e auch in die 3. Plur. eindrang, die somit auf —ent ausging, denn wenn man zwischen dicet und monet nicht mehr unterschied, war es natürlich, daß man schließlich auch dicent wie monent bildete (vgl. Bonnet p. 430). Eine Samm= lung von Beispielen für diese Erscheinung, die besonders häufig bei Silvia beobachtet wird, hat Bonnet a. a. O. gegeben. Auch bei den Gromat. finden sich zahlreiche Beispiele, z. B. petent 316, 16; 324, 11; 329, 24; constituent 315, 25 und 31; current 329, 21; 330, 27; 359, 15; descendent 323, 25 u. s. w. Und so findet sich auch bei unserm Antonin nicht nur cadet 7, 20 (G) und bibemus 28, 11 (G R als Perf.), sondern (und zwar wo nichts besonders bemerkt ist in G und R) fient 2, 14; colligent 7, 18; discendent 9, 21 (G) und fundent an unserer Stelle, sowie 30, 20, wo es sogar noch in β, das sonst alle diese Formen korrigiert, stehen ge= blieben ist, ein deutlicher Beweis, daß die Form jedenfalls über unsere Handschriften zurückgeht; tollent 13, 15 und 29, 18; ascendent 27, 11; bibent 28, 10; molent 28, 12. Gildemeister ist in seinem Eifer, diese Form auszutilgen, soweit gegangen, daß sogar 27, 12 das unschuldige tondent in tondunt verwandelt wurde (allerdings findet sich in der Gregorhandschrift von Troyes P einmal tondant für tondeat, vgl. Stangl, Virgiliana, München 1891 S. 127 und weitere Nebenformen nach der 3. Konjugation bei Georges). Wie gebräuchlich dieser Fehler war, geht daraus hervor, daß Virgilius Maro es für nötig hält, besonders darauf aufmerksam zu machen, daß man in der 3. Person Pluralis bei Verben der 3. Konjugation u, nicht e setzen müsse, S. 167, 5: Qui prudenter verba noverunt scribere, distinctionem in omnibus servant, in modis et personis, sic enim declinatur orior oriris — oriuntur, sic et in omni verbo tertiae coniugationis sive productae sive etiam correptae u in tertia persona pluralis numeri semper adsumitur, ut audiunt legunt metiuntur, hoc ideo, nam (fort. quoniam) si e scribatur, futurum tempus aestimatur.

Colathos kommt vom griechischen Wort calathus, das als Lehn=wort auch ins Lateinische aufgenommen wurde (vgl. Georges und Gildem. im Wortregister). Während nun hier der Plural in der Maskulinform erscheint, weist 11, 14 die Überlieferung collata (G u. R) und colata (β) auf ein Neutrum colatha hin (so auch Gildem. im Text). Da nun diese für den vulgären Charakter unserer Schrift so charakteristische Neutralformen, überwiegend im Plural, meist von Gildemeister ausgemerzt worden sind, so ist es wohl am Platz, die bei Antonin vorkommenden Doppelformen (Mask. und Neutrum) zusammenzustellen und dabei zu untersuchen, ob sie auch sonst bezeugt sind. Über den Grund der Unsicherheit bei vielen Wörtern, ob sie als Maskulina auf us oder als Neutra auf um zu betrachten seien, der in der Abschwächung der Schlußkonsonanten m und s liegt, die uns schon im archaischen Latein entgegentritt, in der Schriftsprache bekämpft wurde, aber mit dem Ende des 4. Jahrhunderts nach Chr. aus der Volkssprache wieder in die Litteratur eindringt, vgl. Appel, de genere neutro intereunte, Erlangae 1883, p. 10.

Bei colathus sind uns also Formen auf os und auf a begegnet. Ähnlich steht es bezüglich digitus 17, 19 digita longa (G, digiti R); 25, 16 per digita (G, per digitos R). Vgl. Appel p. 107; Pott in Kuhns Zeitschrift XIII, 35. Ed. Roth. 63. 89. 114. 120. Baptismum = us (s. Georges) nur R 9, 13.

Von den Maßbezeichnungen, die heute noch in Italien, dem Vaterland Antonins, den Plural auf a bilden, ist merkwürdiger=weise, wenn die adnot. crit. Gildemeisters zuverlässig ist, modia nur durch β erhalten 11, 3 modia tria, R G modios tres). Modius (ital. moggio, plur. moggia) hatte schon im archaischen Latein (Cato r. r. 58 extr. Georges) die Nebenform modium, spätlateinische Bei=spiele bei Appel p. 62. Ich habe mir außerdem notiert Muratori, Antiq. Ital. II p. 23 a. 715 oder 730 modia, ebenso I p. 520 a. 813 (Capit. Carol.), III p. 565 a. 718; Wartmann, Urkundenbuch der Abtei St. Gallen Nr. 95 a. 782 und 96 a. 782, mit Übergang ins Femininum modias 25 a. 759, 84 a. 778, die Deminutivform modiolas

Chron. Goth. p. 155, Urkunde bei Murat. Ant. It. I p. 129 a. 729
(= Troya III, 514). In den Urkunden von St. Gallen überwiegt
bei weitem die Masculinform modios, z. B. 46 a. 764, 126 a. 790,
130 a. 791, 137 a. 794, 152 a. 798, 172 a. 802, 199 a. 809,
202 a. 809 u. s. w. Auf gallischem Gebiet kommt meines Wissens
nur modios vor, z. B. in der constit. Ansegisi abbatis, Mon. Germ.
Hist. II p. 299 s. aus dem 9. Jhdt. öfters, so daß modia dem
italienischen Latein eigentümlich ist. Pott, das Lat. im Übergang
zum Romanischen, Ztschrft f. d. Altert. XII (1854), S. 230 führt
eine Stelle aus den Gromatikern an, die deshalb besonders interessant
ist, weil schon ganz nach italienischer Art der Singular zwar Masculinum, der Plural aber Neutrum ist: „Cato modium und Plinius
im Plural modia als Neutrum. In de mensuris excerpta p. 376:
Modius et semis urnam faciunt. Urnae duae amphoram complent,
quod sunt modia tria. Modia quinque medimnum faciunt (Modius
auch 375, 26).

Besser bezeugt bei Antonin ist der Plural sextaria, 28, 9
sogar durch R und G, 20, 13 wenigstens durch G (R sextarios).
Dies bei Appel fehlende Wort, (it. stajo, pl. staja) findet sich als
Neutr. Plur. auch bei Murat. 1 517 a. 747 und 777 a. 905; sestaria
in De Mercedibus, Mon. Germ. IV p. 178; analog quartaria dua
(fehlt ebenfalls bei Appel) Mon. Ravenn. 3 a. 870, dagegen quar-
tarios España sagrada 18 p. 315 a. 914.

Daran will ich gleich einige Neutr. Plur. reihen, deren Singular
meist Mascul. ist. So hat uns G p. 23, 7 die wertvolle Form
potea erhalten, von R und Gildem. natürlich in putei korrigiert,
während im Sing. auch G nur puteus überliefert, z. B. gleich in
der folgenden Zeile. Vgl. Pott a. a. O. S. 230:
„Wie es einen Centum Putea geheißenen Ort gibt mit der von
Varro gebrauchten Neutralform im Plural, so steht auch im Liber
Coloniarum S. 253: et putea finem faciunt, ebenso S. 349, 8.
Desgleichen Orelli Nr. 4337. 4456. vgl. Fuchs Rom. Spr. S. 334.“
Siehe auch Appel a. a. O. p. 102 und Georges.

Lecta dagegen (G R) 17, 9 hat Gildem. im Text gelassen (it.
letto, pl. letta). Der Singular lectum steht nur in β 2, 11. Zu
den bei Appel p. 105 und Georges gegebenen Zeugnissen füge ich
Anon. Vales. 299, 24 (siehe Commentat. Woelfflin. S. 348); Expositio fidei saec. VI vel VII bei Caspari, Kirchenhiftor. Anecbota
S. 289; Vita Hugbaldi S. 58 (lectula). Vita S. Galli, Mon. Germ.
Hist. II p. 20, 12; Gesta abbat. Fontin. ib. p. 274, 15; 299, 46;
306, 34. Dazu kommen endlich noch zwei Beispiele aus Gregor bei
Bonnet p. 347: Vita Mart. 2, 45 p. 625, 20 und 3, 22 p. 638, 6
(lectulum). *)

---

*) Von einem Übergang aus der 2. Deklination in die 4. kann keine
Rede sein, da nur der umgekehrte Fall eintritt; darum ist S. 33, 8 nicht mit
R und Gildemeister ex cuius lectu (Wortreg. S. 66 lectus, us), sondern mit
G lectum, Akkuf. für den Ablat., anzunehmen.

Zu spiritus war bisher nur ein Plural spirita bekannt, Rossi inscr. christ. 17 a. 291, und der Singular spiritum Act. 16, 7 Laud. (Appel p. 105 und Georges); bei Antonin (G) 22, 12 findet sich der Plur. s pi r i t u a immunda.

Zu phasiolus findet sich die Nebenform phasiolum bei Anthim. ep. ad Theuder. 69 (Appel p. 108 und Georges); p h a s i o l a (fasiola G, fassiola B) Anton. 11, 9 (siehe unten).

Unbekannt war bisher v i c a zu vicus 6, 17 (G), und a c c e s s a — r e c e s s a Ebbe und Flut 30, 12. Denn das von Appel p. 106 angeführte accessum Chron. Novalic. p. 4. 8. 9 „accessa census seu datio ad censum" Gloss. hat eine ganz andere Bedeutung.

Wie im Singular neben der Masculinform die neutrale auftritt, so beginnt das Neutrum Pluralis ins Femininum überzugehen. Ich vermutete bereits oben, daß 9, 3 talis mirabilia (G) auf mirabiliae schließen lasse, welches 16, 4 wirklich überliefert ist (dagegen 12, 12 mirabiliorum), wie 17, 1 multe alie miracule. So begegnet uns S. 28, 7 doleas exinde plenas (G), während R doleos hat. S. 33, 14 steht G R missus in doleo vitreo und intra (infra R) doleum. Dies weist auf die vulgäre Nebenform doleum oder doleus zu dolium zurück (Appel p. 85 und Georges).

Wie doleum wenigstens in R die Nebenform doleus hat, so kommt Übergang aus dem Neutrum ins Masculinum bei Antonin noch oft vor, wobei freilich dem Umstand, daß um und us wie o ausgesprochen wurden, Rechnung getragen werden muß, so daß oft schwer zu entscheiden ist, ob die Form auf us nicht vielleicht nur graphisch von der auf um verschieden ist. Einige dieser Wörter schwankten bereits im archaischen Latein, wie c a s t e l l u s (Appel p. 83 und Georges), G 30, 1 castellus modicus, q u i; da qui auch in R und β stehen geblieben ist, wiewohl dieselben castellum modicum haben, so ist castellus die glaubwürdigere Überlieferung. Bei Silvia 46, 6 steht qui locus nunc de castro, q u i ibi est, appellatur Clesma. Möglicherweise, weist dies auf ein masculinisch gebrauchtes castrus (caster) zurück, wenngleich dasselbe erst aus späterer Zeit nachweisbar ist (Appel p. 85 u. Arbeo Vita Corb. c. 27 p. 51 eosdem castros).

Q u i l i g n u s (G) 15, 2, aber 14, 19 ubi lignum crucis reconditum est; da aber in dem daran sich schließenden Relativsatz quem adoravimus ‚quem' nicht nur in G, sondern auch in R, ja sogar in β, überliefert ist, so zweifle ich nicht, daß Antonin auch hier lignus geschrieben hatte, umsomehr da diese Form in der Itala mehrfach überliefert ist (Georges, Appel p. 86).

Gab für castellus und lignus das darauf sich beziehende Relativum einen Anhaltspunkt, so kann man sich für c o r n u s 16, 15 (G) ille cornus, de quo reges unguebantur nicht nur auf cod. Sangall. 732, abgedruckt bei Gildem. Theodosius de situ terrae sanctae, Bonn 1882, S. 32 berufen, wo p. 102 steht ibi est cornus ille, unde unctus est David, sondern auch darauf, daß cornus schon bei

Varro, Cicero und Plinius als Mascul. vorkommt (Appel p. 83).
Ipse cubiculus ist nicht nur 10, 19 von R und G überliefert,
und 14, 19 durch R (hier hat G cubiculum), sowie durch den Breviar.
de Hieros. p. 35, 52 (Gildem.) bezeugt, sondern schon durch Inschriften von 336 n. Chr. an (Appel S. 85 und Georges. Vgl.
habitaculus Vita Hugb. p. 38). Monasterius 27, 1 (G qui monasterius circumdatus muris munitis) und 33, 10 (G), schwankend
10, 13 (G) monasterium grandis valde und 21, 10 (G) monasterium
muro cinctus, vgl. Appel p. 91. Am beweiskräftigsten ist Wandreg.
c. 10, S. 36, Z. 10 v. u. veniens per monasterio, qui est con-
structus ultra Juranis (wohl ultraiuranis) partibus, weil aus Gallien
stammend, wo Verwechslung von us und um nicht anzunehmen ist.

Sicher ist auch monumentus anzusetzen, das durch zahlreiche
Inschriften (vgl. Georges und Appel p. 87) gesichert ist wenn 13, 15
G und R schreiben: lapis, unde clausus monumentum und 14, 3
ipsum monumentum sic coopertus. 13, 9 steht in G quia monumento
de petra est naturale excisus. Vita Hugb. p. 66 in monumento
deferunt, quem ipse iam praedixerat.

Auf oleus (5 mal in der lateinischen Oribasius-Übersetzung,
Appel p. 87 und im Accus. oleum viridem in den Handschriften des
Apicius, Georges) werde ich unten bei Besprechung von S. 30, 20
zurückkommen, auf palleus (Appel p. 92) unten zu S. 32, 6.
Oratorius modicus G 12, 20; 27, 9; 28, 22; oratoriolus Pard.
Nr. 230 a. 615. Appel p. 110.

Solius (6, 2 steht in R G est solius grandis, qui dum impletus
fuerit, in β ist nur qui im Mascul. geblieben) hat auch Gildem. im
Text gelassen; nach Georges ist es bezeugt durch Charis. exc. 552, 18;
nicht ganz sicher ist das Beispiel bei Appel p. 97 solium augustalem,
Agnell. Script. Long. 385, 15, da möglicherweise nur m unrichtig
angesetzt ist. Antonin 18, 10 steht im Plural manu facta hominis
duo solia.

Studius (G) 2, 1 ist fest begründet durch ein Zeugnis aus
Gallien Wandreg. p. 37, Z. 5 v. u. taliter erat studius eius und
p. 41, Z. 2 v. u. hoc erat studius vel labor eius.

Zur Form signus, die nach 16, 11 (G) talis est signum anzunehmen ist, vgl. Appel p. 87.

Vinum, qui 11, 8 (R) und sudarium qui 10, 11 (G R)
gestatten nicht mit Sicherheit auf Masculina zu schließen, da gerade
beim Relativ-Pronomen die Verwirrung der Formen besonders groß
ist (Bonnet p. 389 f.); doch ist jedenfalls vinus durch Petron. 41, 12
und durch mehrere Itala-Stellen gut beglaubigt (vgl. Georges und
Appel S. 88).

Nicht weiter nachgewiesen sind die Formen cenaculus (ille
qui factus fuit so Gildem. mit G R) 2, 11; diese Form hat jedoch
in dem schon genannten cubiculus und habitaculus (Wandreg. p. 38,
c. 11: ita ut habitaculus ille inmensa luce terribile resplenderet)
ihr Analogon; praesepius 20, 20 (G ipse praesepius ornatus;

praesepium ornatum β, praesepe ornatum R). Virgilius Maro
p. 39, 15 nimmt als Doppelformen an praespe praesepium, sowie
altare ris et altarium, vgl. Appel p. 78; praeturius 7, 17 (G);
territorius 10, 18 (G R), merkwürdigerweise auch im Text, und
senodochius (G) 10, 19; 25, 10; exenodochius 30, 6. Der
Plural zu xenodochius heißt stets exenodochia (G) 30, 2, wie er zu
monasterius stets monasteria heißt 2, 19; 12, 11; 15, 18 und zu
monumentus 19, 22 in G und R monumenta.

10, 5.

In illa ripa Jordanis est spelunca, in qua sunt cellulae septem,
ubi infantuli mittuntur, et dum aliquis ex ipsis mortuus fuerit, in
ipsa cellula sepelitur et alia cellula inciditur et mittitur illic· alius
infantulus, ut numerus stet et habent foris, qui eis permanent so
schreibt Gildem. mit R. In G dagegen steht est spelunca in qua
cellola sunt septem virgines quae ibi infantulae mittuntur et ali-
quarum ipsas mortua fuerit und dann alia infantula. Ob infantuli
oder infantulae zu schreiben ist, darüber muß hier β entscheiden: in
quas cellulae septem cum septem puellis, quae ibi infantulae mittuntur, et cum aliqua ex eis u. s. w. endlich alia puella. In R
und G liegt eine Lücke vor, die nach β G folgendermaßen zu er=
gänzen ist: in qua cellolas (= cellolas, acc. für den nom.) sunt
< septem cum > septem virgines — et cum aliqua ex ipsas u. s. w.
Ist β auch eine Überarbeitung, so liegt ihr doch ein altes
Original zu Grunde, und in diesem hat sicher der Urheber der
Rezension das Femininum gelesen. Die Lücke in G ist wie so oft
durch das Homoioteleuton verursacht. Endlich erinnert die ganze
Erzählung an das, was Theodosius § 52 von einem Nonnenkloster
in Jerusalem erzählt: A pinna templi subtus est monasterium de
castas, et quando aliqua earum de saeculo transierit, ibi intus in
monasterio ipso reponitur (selbstverständlich muß mit P deponitur
gelesen werden, vgl. depositio Antonin 21, 17 und Bonnet p. 199),
et a quo illuc intraverint, usque dum vivunt, inde non exeunt.
Quando vero aliqua de sanctimonialibus illuc converti voluerit, aut
aliqua poenitens, huic tantummodo ipsae portae aperiuntur, nam
semper clausae sunt, et victualia eis per muros deponuntur. An
unserer Stelle steckt auch in den Worten et habent foris, qui eis
permanent ein Fehler. Nach der Theodosiusstelle zu urteilen muß
etwas ähnliches ausgedrückt gewesen sein, als was β ergänzt qui eis
cibaria praeparet, vielleicht qui eis per < fenestras victualia >
mittent oder ministrent.

10, 11.

Super Jordanem non multum longe, ubi baptizatus est dominus,
monasterium est s. Johannis.
Da im Hodoep. Willib. c. 16, p. 262 steht et in de (a mon. s. Joh.)

ibant super unum milliare ad Jordanem, ubi dominus fuit baptizatus, fo iſt wohl nach longe a loco ausgefallen, was ſich durch die Ähn= lichkeit von longe und loco leicht erklärt, vgl. 10, 21 lapides illi positi sunt non longe a civitate Jericho und 19, 9 non multum longe a civitate stat columna.

11, 5.

Ante basilicam est campus, ager domini, in quo dominus manu sua seminavit, ferens satum usque ad modios tres, qui etiam bis in anno (b. i. a. om. R) collegitur, qui numquam seminatur, sed ex se nascitur. Collegitur (qui n. — collegitur fehlt in G) autem mense Februario et exinde in pascha communicatur. Aratur, dum collectus fuerit, et iterum cum aliis messibus demetitur (dagegen hat G et iterum c. a. m. collegitur et deinceps aratur et dimittitur).

Wir haben alſo in beiden Handſchriften lückenhafte Überlieferung, die ſich gegenſeitig ergänzt. Die große Lücke in G erklärt ſich leicht durch Homöoteleuton. Da nun G nie eine Spur von Interpolation aufweiſt, ſo fragt es ſich, ob nicht der Schluß der Periode nach G herzuſtellen iſt. Das Auge des Schreibers von R glitt nach dem Wort messibus gleich auf den Schluß dimittitur ab, und da dies Wort nach Auslaſſung des Dazwiſchenliegenden keinen Sinn ergab, machte er daraus demetitur. Die Klaſſe β dagegen hat den Schluß in anderer Weiſe gekürzt: ſie las noch nach messibus ‚collegitur’, ließ aber den ganzen Schluß weg, wahrſcheinlich weil ſie dimittitur nicht verſtand. Zu collegitur autem — et iterum cum aliis messibus collegitur vgl. die Wiederholung des Verbums occurrit bei Theodoſius §. 64: aratur mense Augusto medius ipse ager et occurrit ad pascha — et alia medietas cum illud collectum (ſo Gildem. ſtatt rectum) fuerit, aratur et cum alia messe occurrit. Die Konjektur Gildem. collectum für rectum iſt zwar ganz ſinngemäß, geht aber zu weit von der Überlieferung ab. Da r und s oft ver= wechſelt werden — bei Theodoſius §. 45 hat cod. W remissus ſtatt se missus PG, bei Antonin 6, 3 G porticum für posticum, 12, 13 β rursum für sursum, 25, 14 β rasos für raros, 8, 8 G castico für catartico, 7, 21 cantatus für cantatur, 13, 4 und 5 posta für porta —, ſo liegt sectum am nächſten, vgl. pabulum secare bei Cäſar, secale der Roggen. Urk. Nr. 39 a. 763 bei Wartmann ad foenum secandum; 60 a. 771 cum pratis segativis; 89 a. 779 ut unum iuchum arare faciam et unum diem segare; daneben 95 und 96 a. 782 arare et seminare et collegere.

Bei Theodoſius iſt ausdrücklich erzählt, daß der Acker zweimal gepflügt wird: im Auguſt, alſo nach der Sommenernte, und nach der Oſterernte. Bei Antonin wäre nur das Umpflügen nach Oſtern erwähnt, wenn nicht in G berichtet wäre, daß er auch nach der Sommerernte umgepflügt wurde und dann ſich ſelbſt überlaſſen (d. h. nicht beſät) wurde (dimittitur).

3 *

11, 8.

Ubi nascitur vinum protiston (ſchlechte Konjektur Gildem. für potiston R, postun, potis con Br, potissimum B, potis V, potens t), quod (qui R Br) febrientibus datur. Man ſieht, die Abſchreiber haben ſich ſchon den Kopf zerbrochen über das dem Wein gegebene Attribut. Die Vermutung von t potens, viell. potentius cunctis ſcheint nicht unpaſſend, da Gregor von Tours h. Fr. 7, 29: misitque pueros unum post alium ad requirenda potentiora vina, Laticina videlicet et Gazitina die Paläſtina=Weine als potentiora bezeichnet (vgl. Hehn, „Kulturpflanzen und Hausstiere‟, S. 82). Aber das Auffallende iſt an dieſem Wein, daß man ihn überhaupt Fieberkranken gibt, denen doch ſonſt Wein ſchädlich iſt. Das Attribut muß alſo eine dahin= gehende Eigenſchaft des Weins ausgedrückt haben, und iſt jedenfalls ein griechiſches Wort geweſen, daher auch die Korruptel. Ich ver= mute παυστικόν (allerdings nur bekannt aus Etym. Magn. 543, 51) „ein beruhigender, fieberſtillender‟.

11, 9.

Ibi nascitur dactalum*) de libra —; ibi nascitur et citreus (cetrius G cedros R) de libris (libras GR) quadraginta et virga phasioli (fasiola G fassiola B) longa pedes duos. et in latitudinem et in longitudinem digitos duos.

Unter dem cetrius ſcheint nach Hehn [2], S. 386 die Citronat= Citrone verſtanden werden zu müſſen, die oft kopfgroße Früchte hat. De mit Accuſ. wie oben S. 5.

Im Folgenden ſind mehrere Korruptelen. Nachdem im Vor= ſtehenden rieſengroße Früchte aufgezählt ſind, ſoll nun auf einmal von einer zwei Fuß langen Bohnenſtaube (Ranke überſetzt Gildem.) die Rede ſein. Ich vermute, daß hier ebenfalls eine ſpeziell Syrien und Paläſtina eigene Frucht gemeint iſt, die des Johannisbrot= baumes, von dem Hehn [2] S. 391 ſagt: „Seine Früchte — braune, flache, einen Zoll breite, einen halben, ja einen ganzen Fuß lange Schoten mit bohnenartigen Samen — werden von Tieren und Menſchen gegeſſen‟ und S. 392 unten: „Das eigentliche Vater= land des Baumes war das an Fruchtbäumen ſo geſegnete Kanaan: da er geimpft werden werden muß, um eßbare Früchte zu ſpenden, ſo war er alſo auch wie Olive und Dattelpalme ein Produkt menſch= licher, insbeſondere ſemitiſcher Kunſt und Mühe.‟ S. 393 endlich ſpricht Hehn von „Bohnen‟ der Johannisbrotſchote, und das lateiniſche siliquae bezeichnet Bohnen, Erbſen und Johannisbrotfrüchte. Ich ſchlage deshalb vor zu ſchreiben et ex virga phasiola longa pedes duos et in latitudinem [et in longitudinem] digitos duos. Die

*) Es iſt wohl hier und 1, 6; 25, 4 (R dactilos); 30, 20 dactulum zu ſchreiben, die Form dactalus iſt nur falſche Leſung von offenem a, vgl. Theod. §. 65 und Georges.

Worte et in latitudinem et in longitudinem digitos duos fehlen in R unb β. Jedenfalls ist in longitudinem nicht mehr möglich, nach= bem bie Angabe ber Länge schon vorausging. Vielleicht rühren sie von einem Schreiber her, ber biese Zusammenstellung gewohnt war, vgl. S. 27, 9 plus minus pedes sex latitudine et longitudinem (G), wohl in lat. et long.

11, 16.

Exeuntes de civitate venientes Hierosolimam (G civitatem unb Hierusolima). Non longe a civitate Jericho est illa arbor, ubi ascen- dit Zachaeus videre dominum, quae (qui) arbor inclusa (inclausus R G) intra oratorium ipsius per tectum foris dimissa est, sicca quidem. Nach Itin. Burdig. p. 19 oben: Descendentibus de monte in parte dextra retro monumentum est arbor sycomori, in quam Zachaeus ascendit, ut Christum videret ist vielleicht nach Hierosolima Komma zu setzen, vgl. 18, 8 ab arcu illo descendentibus ad Siloam per gradus (grados G mit Übergang in bie 2. Deslination, wie 13, 3 unb 14, 7; gradi 9, 6; gressi 14, 6; gressos 14, 16; porticos 20, 2; vgl. zu biesen Wörtern Georges unb Rönsch, Jtala S. 261; porticus, i auch bei Gregor von Tours, Bonnet p. 356) multos super Siloam est basilica. Gerabe bei ben Verben bes Gehens wechseln in unserer Schrift bie Formen auf -es unb -ibus (Nom. absol. u. Ablativ) in bunter Willfür, ba bie letzteren schon erstorben sinb. So steht 30, 9 et transcendentes in locum, ubi intraverunt in mare, ibi est orato- rium Moysi, wenn nicht vielleicht bort transcendentes für transcen- dimus gesetzt ist unb nach mare Punkt zu setzen ist. Neben Stellen wie exeuntes (transeuntes, revertentes, ascendentes u. s. w.) — venimus stehen Stellen wie 1, 4 exeuntibus nobis de Constantinopoli venimus unb ähnlich 12, 8; 19, 8; 20, 1 unb 7; 25, 19; ja manch= mal erscheinen bie Formen auf ibus unb bie auf es neben einanber, wie 12, 1 nam respicientibus in valles illas et perambulantes mona- steria multa, loca mirabiliorum, vidimus u. s. w.; 22, 3 item revertentes nos in Hierosolimam, descendentibus nobis — venimus ober es hat eine Hanbschrift bie Form auf ibus, bie anbere bie auf es, z. B. 26, 13 G perambulantibus per eremum — venimus, R perambulantes, umgekehrt 32, 11 G descendentes — venimus, R discendentibus. Auffallenb ist bas Masculinum inclausus, währenb sonst arbor als Femininum behandelt ist. Nun ist allerbings, entsprechenb bem Bestanb ber romanischen Sprachen, arbor auch als Masculinum be= zeugt (Bonnet p. 504); aber hier hat sicher qui vor arbor (= quae) bie Veranlassung gegeben reclausus zu schreiben. Da inclausus in G unb R überliefert ist, unb in G auch 12, 12 multitudinem inclausorum virorum; 12, 14 ubi inclausa fuit s. Pela- gia; 15, 10 reclausa cruce; 17, 2 testa inclausa; 18, 20 fons inclausa est; 26, 21 quae fons inclausus est ſteht, ſo iſt ſie wohl im Text zu laſſen; ähnliche derartig gebildete Formen bei Bonnet p. 488, Seelmann S. 58 ff. (die Ausſprache des Latein, Heilbronn 1885).

12, 5.

Nam quod fallent homines de uxore Loth, eo quod minuatur ab animalibus lingendo, non est verum. β hat ſtatt fallent dicunt.

Wenn fallent wirklich richtig iſt und nicht vielleicht durch fabulant oder fabulantur zu erſetzen iſt, wodurch auch die in non est verum liegende Tautologie beſeitigt würde, ſo kann es nur bedeuten „fälſchlich angeben" = mentiri, nicht aber „erdichten" (Gildem.) Über eo quod nach Verbis dicendi, vgl. meine Krit. Bem. zu Silvia S. 6 ff., wozu ich noch nachtrage: Form. And. 32, p. 14, 30 (Zeumer); Marculfi f. 4, p. 44, 4; 17, p. 54, 14; 21, p. 56, 15; 26 p. 59, 10; 28 p. 60, 9; Form. Turon. 30 p. 153, 22. Cart. Sen. 10 p. 189, 3; 11 p. 189, 20; 18 p. 193, 2; 20 p. 194, 3; 26 p. 196, 24; 27 p. 197, 7; 30 p. 198, 24; 35 p. 200, 33; 37 p. 202, 9; 38 p. 202, 18; 51 p. 207, 18. Vita Wandreg. p. 44, c. 17. Urkunde Karls d. Großen 92 a. 780 (Wartmann) und 187 a. 806.

Wenn nun auch dieſer Sprachgebrauch im Frankenreich beſonders zu Hauſe geweſen zu ſein ſcheint, ſo iſt er doch auch Italien nicht fremd, z. B. Anon. Vales. p. 300, 3 coepit cogitare intra se et dicere, eo quod nullus eorum regnaret. In italieniſchen Urkunden habe ich eo quod öfters nach manifestum est gefunden, z. B. in folgenden Urkunden aus Piſa bei Muratori III p. 1005 a. 730; p. 1007 a. 750; p. 1013 a. 777; p. 187 a. 831 und p. 557 a. 812, die beiden letzteren aus Piſtoja. Eo quod in dieſer Verwendung darf alſo nicht mehr als ausſchließlich der galliſchen Latinität eigentümlich betrachtet werden; doch bleibt jedenfalls beſtehen, daß es in Gallien, dem die älteſten und zahlreichſten Beiſpiele angehören, beſonders beliebt war. Dagegen findet meine Vermutung, daß das nur durch Alc. Avit 5, 607 u. Silvia S. 78 belegte perdicere galliſch ſei, eine neue Beſtätigung durch Virg. Maro S. 149, 3 u. nach Stangl, Virgiliana, München 1891 S. 84 auch durch 144, 3.

12, 18.

Iſt in G die Form Iessemani (R Gessemani) überliefert, wie bei Silvia, S. 94, 13 und 15. Eine ähnliche Affibilation liegt dort auch vor, wenn S. 46, 10 neben Gessen Iesse ſteht, vgl. Bonnet p. 173 und Schuchardt, Vokalismus des Vulgärlateins I, 69.

13, 9.

Quod (quia R G, quoniam β) monumentum de petra est excisum et † potus ex ipsa petra excisus, ubi corpus domini Iesu Christi positum fuit. Lucerna aerea, quae in tempore ad caput ipsius posita fuit, ibidem ardet die noctuque. Dagegen hat G: quia monumento de petra est naturale excisus, ubi corpus domini positum fuit Iesu Christi und β quoniam ipsud monumentum, in quo corpus domini positum fuit, in naturali excisum (Br excisus) est petra.

Da die Handschriften alle eine Kausalpartikel aufweisen, teils quia, teils quoniam, so fragt es sich, ob die von Gildem. vorgenommene Änderung ins Relativum quod nötig ist. Auffallend ist dabei auch, daß der Satz Lucerna aerea u. s. w. dann mit dem vorausgehenden gar nicht verbunden ist. Ich halte die Überlieferung für vollständig richtig: „Weil das Grab aus dem Felsen gehauen (also eine dunkle Höhle) ist, brennt dort Tag und Nacht eine Lampe." Silvia nennt das innere Grab geradezu eine Höhle S. 77, 1: et statim ingreditur intro spelunca; 77, 10 intra Anastasim, id est intra speluncam; 77, 16 lumen autem de foris non affertur, sed de spelunca interiori eicitur, ubi noctu ac die semper lucerna lucet; 78, 3 stat ante cancellum, id est ante speluncam. So bezeichnet auch Arculfus I c. 3, S. 148 das Grab direkt als speleum sive spelunca. Daß aber die Kausalpartikel nicht wegkorrigiert werden darf, läßt sich mit Evidenz erweisen durch Theodosius § 51, wo es von der Höhle am Oelberg heißt: et accendunt luminaria, ubi ipse dominus apostolis pedes lavit; quia ipse locus in spelunca est.

Die Lücke in G ist wie so oft (11, 4; 13, 1; 19, 2; 23, 8; 25, 3; 30, 8; 29, 21; 33, 16) durch das Homoioteleuton verursacht. Es fragt sich, was in potus steckt. Es wird offenbar von dem monumentum ein Teil desselben unterschieden, vgl. Arculfus I c. 3, p. 146: in medio spatio huius interioris rotundae domus rotundum inest in una eademque petra excisum tugurium und ib. p. 147: hoc in loco discrepantia notanda inter monumentum et sepulcrum. Nom illud saepe memoratum rotundum tugurium alio nomine evangelistae monumentum vocant, ad cuius ostium advolutum et ab eius ostio revolutum lapidem resurgente domino pronuntiant. Sepulcrum proprie ille dicitur locus in tugurio hoc, in aquilonali parte monumenti, in quo dominicum corpus linteaminibus involutum conditum quievit — dann weiter totum simplex a vertice usque ad plantas (habens) lectum unius hominis capacem super dorsum iacentis, — in quo utique sepulcro duodenae lampades semper die ac nocte ardentes lucent. † potus könnte demnach aus locus oder lectus entstanden sein, hod. Willib. c. 18 p. 264 et ibi est intus lectus, in quo corpus domini iacebat. Et ibi stant in lecto quindecim craterae aureae cum oleo ardentes die noctuque. Ille lectus, in quo corpus domini iacebat, stat in latere aquilonis intus in petra sepulcri.*)

***

*) Netleship vermutet nach einer brieflichen Mitteilung Wölfflins puteus, offenbar veranlaßt durch Gildem. Anm. S. 45, 26 „vermutlich ist an ein Troggrab zu denken". Wenn sich puteus in dieser Bedeutung nachweisen läßt, so ist die Änderung eine sehr gefällige und leichte, da z. B. auch S. 23, 7 in G potea = putei überliefert ist.

13, 15.

Lapis unde clausum (—us G R) monumentum, ante os monumenti (est G). Color vera de petra, quae excisa (qui excisus R G) est de petra Golgatha. „Die Farbe aber rührt her von dem Fels, der aus dem Fels Golgatha gehauen ist" (Gildem.) ist sinnlos. Es ist mit veränderter Interpunktion unter Beibehaltung der überlieferten Masculina qui excisus zu schreiben: Lapis, unde clausum monumentum, ante os monumenti — color vero de petra. Qui excisus est de petra Golgatha. „Die Farbe (des Steins) aber ist die vom Felsen, denn er ist aus dem Felsen Golgatha gehauen"; qui bezieht sich also wieder auf lapis. Die Interpolation in β color vero petrae non dignoscitur; nam ipsa petra ornata ex auro et gemmis ist veranlaßt durch falsche Auffassung des nam, welches nicht begründend, sondern einfach anreihend ist = $\delta\acute{\varepsilon}$.

13, 18.

Ornamenta infinita: in virgis ferreis pendentes brachialia, dextralia (R, dextroceria G β), murenulae (—as G), anuli (anolis G), capitulares, cingella (cengella G) gyrata (girata G), baltei (—os G R), coronae (—as G R) imperatorum ex auro et gemmis et ornamenta de imperatricibus (—cis R G).

Es ist eine durch nichts zu rechtfertigende Willkür, die auch in β überlieferten Akkusative in Nominative umzuändern, vielmehr muß statt anolis anolos geschrieben werden, da Akkus. absol. vorliegen.

Daß imperatricis nicht der Ablativ, sondern der Akkusativ ist, ist bereits oben dargethan. Wenn S. 19, 1 in G imperatricis als Nom. Sing. erscheint, so ist derselbe entstanden aus imperatrice (wie 13, 2 und 16, 2 valle; 15, 18 turre; 28, 3 pice R, picem G. An diesen ital. Nominativ wurde parasitisches s angehängt und e in i verwandelt, ähnlich wie G 17, 12 hat ad Silua fontis statt fonte(m) und 28, 1 marmoris illa in R als neuer Nominativ erscheint.

14, 3.

Ipsum monumentum sic quasi in modum metae coopertum (—us R G) ex argento sub soles (solus R, solas G) aureos. Ante monumentum altarium est positum (altaris*) est positus G). Gildem. sagt S. 45, Anm. 27: „Fraglich ist, was in sub solus oder sub solas steckt, und wie die Sache zu denken sei. Arculfus I c. 3 sah die Spitze des monumentum oder tugurium außen vergoldet und mit einem goldenen Kreuze geschmückt, aber dazu scheint der Ausdruck nicht zu stimmen." Dazu stimmt er nun allerdings nicht; denn an die Außenseite zu denken, verbietet uns die Präposition sub; es muß

---

*) altaris auch 28, 22. Vita Hugb. p. 67 super altaris basilicae. S. Bonnet p. 368 Anm. 3.

alſo etwas über dem Grab bezeichnet werden. Im Breviarius p. 34, 20 nun heißt es et ipsa crux est de auro et gemmis ornata tota et caelum desuper aureum. Caelum bedeutet in der Architektur, wie die Lexica lehren, die Wölbung oder Decke imum c. camerae der innere Himmel, die innere Seite eines Gewölbes, Vitr. 7, 3, 3. Zeile 31 heißt es nun vom sepulchrum domini: Super ipso sepulchro transvolatile argenteum et aureum et in circuitu omne de auro, ante ipsum sepulchrum est altare. Wir müſſen alſo an ein Gewölbe denken, und dürfen daher wohl herſtellen sub caelos aureos oder caelo aureo.

14, 12.

Et iactas malum (melum R, melo G, pomum β) aut aliud quod potest natare — et ibi eum suscipis.

Die in R und G überlieferte Form melum (ital. melo) darf nicht in malum korrigiert werden, da ſie auch ſonſt im italieniſchen Spätlatein vorkommt, vgl. Diez, Wörterbuch, S. 384, in einem Gloſſar, Handſchrift aus dem 7. Jahrhundert bei Mai, Class. auct. VI 532 b. Die von Diez angedeuteten Stellen aus den Feldmeſſern ſind Grom. 321, 12 qui mittit usque in puteum et melum cotoneum und 361, 13. Dazu füge ich ed. Roth. 301: Si quis castenea, nuce, pero (= ital. pero) aut melum inciderit conponat solido uno, vgl. auch Pott in Kuhn's Zeitſchrift XIII p. 29; ebenſo in Urkunden bei Muratori, ant. It. II p. 55 vom Jahr 855 und p. 58 v. J. 932 terminus percurrit in melum insitum. In den Worten et ibi eum suscipis iſt eum als Neutrum zu faſſen, wie unten zu 31, 3, wo Gildemeiſter ein vermeintliches Neutrum eum in id ändert, dargethan werden ſoll.

14, 20.

Nam et titulum (titulus G R β), qui ad caput domini (Iesu G) positus erat, in quo scriptum erat (ē erat R, est G β): hic est rex Judaeorum (Luc. 23, 38) vidi et in manu mea tenui et osculatus sum.

Um mit etwas minder Wichtigem zu beginnen, ſo iſt scriptum est nicht nur die beſtbezeugte, ſondern auch die einzig ſinnentſprechende Lesart. Da Antonin noch mit eigenen Augen die Inſchrift geſehen hat, dieſelbe alſo zu der Zeit, wo er ſchrieb, noch exiſtierte, ſo kann er nur ſagen scriptum est, während er von der Befeſtigung der Inſchrift am Kreuz das Plusquamperfekt gebrauchte, weil die Inſchrift ja nicht mehr zu Häupten des Herrn war.

Des weiteren ſollte die Übereinſtimmung aller Handſchriften, von denen auch R und β nicht gewagt haben, die ſo nahe liegende Änderung von titulus in titulum vorzunehmen, zur Vorſicht mahnen. Umgekehrt ſteht 10, 20 wenigſtens in G der Akkuſativ, wo man zunächſt den Nominativ erwarten ſollte, welchen Gildem. R und β folgend in den Text geſetzt hat: Lapides illos (illi Gildem.), quos levaverunt filii Israel de Jordane, positi sunt non longe a civitate

Jericho post altario. An beiden Stellen ist uns aber ein ächt vul=
gärer Zug überliefert, die sogenannte umgekehrte Attraktion (vgl.
Dräger II p. 502), die Bach, de attractione, quae dicitur, inversa
apud scriptores latinos, Programm des bischöflichen Gymnasiums
von St. Stephan in Straßburg 1888 p. 19 erklärt als illam
Latinorum licentiam in verbis atque elocutionibus conectendis fre-
quentissimam, quam homines sermone cotidiano atque
vulgari usi saepissime sibi indulserunt, illi qui sermonis
venustati elegantiaeque studebant, perhorruerunt. Dann werden die
Beispiele in Hauptklassen eingeteilt: I In enuntiatione primaria deest
pronomen determinativum (p. 21). In die Unterabteilung α, enuntiationis relativi constructio exigit nominativum gehört unsere Stelle
Anton. 14, 21, welche genau dem aus Plaut. Curc. 296 angeführten
Beispiel entspricht: Tum isti qui ludunt datatim servi scurrarum in
via Et datores et factores omnis, subdam sub solum. Da die andern
Beispiele Bachs sämmtlich aus archaischen Schriftstellern stammen, so
zeigt unsere Stelle, wie dieser durch die klassischen Schriftsteller zurück=
gedrängte Vulgarismus im Stillen fortlebte.

Antoninus 10, 21 dagegen lapides illos, quos levaverunt filii
Israel, — positi sunt gehört in die Unterabteilung β bei Bach,
enuntiationis relativi constructio exigit accusativum, wie Plaut.
Amph. 1009: Naucratem, quem convenire volui, in navi non erat.
Da spätlateinische Beispiele bei Bach spärlich sind, will ich, um zu
zeigen, daß die von G überlieferte Lesart Glauben verdient, einige
spätlateinische Beispiele anführen: Bibelzitat bei Caspari, Kirchen=
historische Anecdota, Christiania 1883, I S. 179, Dicta abbatis
Pirminii c. 25 (Ev. Joh. 6. 51): Et panem, quem ego dabo, caro
mea est pro mundi vita. Passio sanctorum IV coronatorum, heraus=
gegeben von W. Wattenbach, Leipzig 1870, S. 326: Nescis quia
et Solem, quem nos fecimus per sculpturam artis et ipsum, nihil
est. Vita Hugberti c. 12, p. 63: Et multos, quos vidimus vexatos
ab adversario heiulando et vociferando venire, ante te stare non
potuerunt und Pippini Capitulare Vern. anni 755, Mon. G. H. III
p. 24, 31: Episcopos, quos invicem metropolitanorum constituimus,
ut ceteri episcopi ipsis in omnibus oboediant.

Auch für die II. Hauptabteilung Bach's (p. 23) Enuntiationi
primariae additur is vel aliud pronomen finden sich im Spätlatein
Belege. Die von Bach angeführten Beispiele aus Plautus, Terenz,
Cato weisen eine nur spärlich (p. 35) ausgefüllte Lücke auf bis zur
Vulgata. In diese Lücke fallen mehrere Beispiele aus Silvia, welche
sämtlich die größte Ähnlichkeit haben mit Sen. Herc. Oet. 413:
Hunc, quem per urbes ire praeclarum vides Et viva tergo spolia
gestantem ferae u. s. w. — (419) Levis est nec illum gloriae
stimulat decor, wobei freilich das dem Dichter in Gedanken schon
vorschwebende nec illum gloriae stimulat decor Einfluß geübt haben
mag, oder Petron. 134: Hunc adulescentem, quem vides, malo astro
natus est. Entsprechend heißt es bei Silvia S. 58, 8: Nam in isto

colliculo, qui est in medio vico positus, in summitatem ipsius fabricam, quam vides, ecclesia est unb 66, 20 : Nam monticulum istum, quem vides, filia, super civitate hac, in illo tempore ipse huic civitati aquam ministrabat. Siehe meine Krit. Bem. zu Silvia S. 29.

Eine verwandte sprachliche Erscheinung, die ebenfalls der Um= gangssprache angehört, ist die Prolepsis im indirekten Fragesatz, in= dem das Wort, welches eigentlich Subjekt des Fragesatzes ist, als Objekt des Hauptsatzes dem Nebensatz vorangestellt wird. Die Bei= spiele bei Dräger, Histor. Syntax II §. 470, S. 498 (vgl. auch Schmalz in I. Müllers Handb. II S. 394) gehören zum über= wiegenden Teil der Sprache des Plautus an. Bei Cäsar und Salluft findet sich dieser Sprachgebrauch nicht, bei Cicero nur einmal, pro Deiot. 11, 30, bann in einem Brief des Caelius ep. fam. VIII, 10, 3 unb im bell. Afr. Dann taucht er wieder in der silbernen Latinität und bei kirchlichen Schriftstellern (Lactanz) auf. Bei seinem vulgären Charakter werden wir nicht überrascht sein, ihn bei Silvia wiederzufinden, S. 70, 18: Nahor autem vel Bathuhelem non legi, quando in isto loco transierint unb 70, 24: Nahor autem vel Bathu= helem non dicit scriptura canonis, quo tempore transierint. Vita Wandreg. p. 24, c. 14: adque veninatas sagittas eius, de qua parte pervenire poterant, demonstrabat; p. 34, c. 7: prospicientes eum multi, qualiter se inquinasset de loto. Pippini Cap. a. 755 (Mon. Germ. Hist. III p. 26, 17): nec scimus ordinationem eorum, qua= liter fuit. Ganz auf dieselbe Linie zu stellen ist die Anticipation in Sätzen mit quod, z. B. Silvia S. 69, 25 sed quia audieram eos, eo quod non eos descendere. Vita Wandreg. p. 35, c. 9: videns Deus militem suum, quia fortiter contra adversarium pugnabat; Pipp. Capit. p. 26, 13 de illis hominibus, qui se dicunt propter Deum quod se tunsorassint unb Antonin 17, 4 quam dicunt, quia de s. Theodota esset.

15, 6.

Et affertur (G offertur) oleum ad benedicendum ampullae mo= dicae (ampullas medias R G β). Hora, qua tetigerit lignum crucis oram (horum R G) ampullae (a. mediae G, has ampullas β), mox (fehlt in G) ebullescit (epuliscit G, ebulliet β) oleum foris, et si non clauditur citius, totum (fehlt in G) redundat (refunditur, über f ist d geschrieben G) foris.

Da wir hier die Sitte der oblatio zu erkennen haben (vgl. darüber Mone Latein. unb Griech. Messen aus dem 2.—6. Jhdt., Frankfurt a/M. 1850, S. 7 unb Caesarius hom. 12), so wird wohl mit G offertur zu schreiben sein, vgl. S. 3, 17 et implevi unam ex eas (s) vino et in collo plena (m) levavi et obtuli ad altare; 22, 1 et incensa offerentes multa vel luminaria.

Zur Änderung von medias in modicae hätte sich Gildem. nicht durch 28, 8 bestimmen lassen sollen unde et benedictionem dant ampullas modicas; denn an unserer Stelle besteht eben das Wunder

barin, baß bie Flaſche überläuft, obwohl ſie nur halb gefüllt iſt.
Ein ganz ähnliches Wunder erzählt Gregor bon Tours Vita Mart. II
c. 32 p. 620. 34: Rogat sibi exhiberi ampullam cum rosatio oleo
s e m i p l e n a m — et erat v a l d e m e d i a. Adprehensam enim
ampullam, quam reliquerat m e d i a m, invenit valde plenam unb
Glor. conf. c. 83 p. 801, 24: Implevitque duas ampullas vino et
posuit super unumquodque tumulum dicens: In quo Falerna fuerint
ampliata, ipsam manifestum est esse Valeri antistitis sepulturam. —
Repperit ampullam unam parumper vinum habentem, aliam vero in
tantum ore patulo r e d u n d a r e, ut totum beati pontificis ablueret
monumentum. Was bie Bebeutung bon medius == dimidius betrifft,
vgl. Bonnet p. 275 unb Wölfflin, Archiv III. S. 458 ff. Umgefehrt
iſt dimedius = medius gebraucht. Vita Hugberti c. 6 p. 57 ecce
ex dimediis catervis femina arrepta demonio clamare coepit.

Die Form ampullas medias iſt zu erflären als nom. mit para=
ſitiſchem s. Oleum ampulla media = amp. media olei. Ampulla
media tritt infolge einer Nachläſſigkeit der Umgangsſprache (ſiehe
Schmalz in J. Müllers Hbb. II S. 268) als nachträgliche Quan=
titätsbeſtimmung zu oleum hinzu, ebenſo wie 11, 13 ibi est vitis,
unde in ascensione domini uvas cestas plenas venales proponuntur.
Ganz ähnlich iſt 26. 10: Populus autem, qui per ipsum (ſo R G,
ipsam Gildem.) maiorem eremum ingrediebatur, numerus (ſo R G,
Gildem. numero) duodecim milia sexcenti unb 25, 4: tamen tunicas
et dactalos (wohl dactulos) et cicer frixum (vulg. Nebenform zu
frictus. vgl. Georges) sportellas vel lupinum: nihil horum secum
reportavit, wo Gildem. unter Verfennung der Konſtruftion falſch
überſetzt: „doch von den Tuniken, den Datteln unb ben geröſteten
Kichererbſen, ben Gaben, bie er mit ſich nahm unb ben Lupinen:
von benen hatte er nichts mit ſich gebracht." Abgeſehen von ber
ſonderbaren Stellung der vermeintlichen Appoſition iſt sportella in
ber Bebeutung „Gabe", in welcher allerdings sportula vorfommt,
nicht nachweisbar, ſondern bebeutet ſtets „Körbchen". Auch β hat
sportellas richtig verſtanden, wie der Zuſatz plenas beweiſt. S. 21, 19
ita ut ex omni terra illa (fehlt in G β unb iſt wohl aus der voraus=
gehenden Zeile in ben Text von R gefommen) Judaei conveniant
(—unt G, —ent R) innumerabilis multitudo, woraus β macht Judaeorum conveniat in. mult. Höchſt wahrſcheinlich iſt auch der Inbifativ
nach ita ut nicht zu ändern, ba gerade nach fonfefutivem ut der
Inbifativ im ſpäten Latein nicht unerhört iſt, vgl. bie Beiſpiele, bie
Stangl, Xenien b. 41. Verſ. deutſcher Philol. u. Schulmänner ge=
widmet, München 1891 p. 32 aus Alcuin anführt *). 7, 8 macht R β

---

*) Sehr oft im Hodoep. Willibaldi, z. c. 2 (bis); c. 3. c. 10. c. 28
Vita Wandrg. p. 42 (bis). p. 43; Beiſpiele aus ben Digeſten bei W. Kalb,
Juriſtenlatein, S. 66. Wahrſcheinlich ſtammt ber Inbifativ nach ut baher,
baß man gewohnt war, für ut bie Univerſalfonjunftion quod zu ſetzen
(Schmalz, Lat. Syntax in J. Müller's Handb. 11, 338) u. nun ben bei quod
ſtehenben Inbifativ umgefehrt auf ut übertrug.

aus dem beigeordneten populos den Genetiv hominum: ubi dominus de quinque panibus (panis G) quinque milia populos (R β hominum) satiavit. Ebenso heißt es im cod. Sang. 732 des Breviarius p. 99 (Gildem. Theodosius, p. 30) ibi saturavit populum quinque milia de quinque panibus et duobus piscibus. Ebenfalls bei milia findet sich die Parataxe 2, 4 cognitae personae — triginta milia hic perierunt. Anon. Vales. p. 290, 8 donavit ei reditum sex milia solidos; 298, 7 donavit pauperibus annonas singulis annis centum viginti milia modios.

Sehr glücklich hat Gildem. horum in oram emendiert. Ob zu schreiben ist ebullescit oder ebulliscit (G) — letzteres scheint auch β (ebulliet) vorgelegen zu haben — ist schwer zu entscheiden. Ersteres, von der Nebenform bullo (siehe Georges) abgeleitet, ist auch bei Ampelius überliefert, letzteres entspricht dem ital. bollisco.

Zu citius = cito vgl. Anon. Vales. 303, 21: quod facturus es, rex, facito citius.

15, 10.

Nam et ibi est illa spongia et canna, de quibus legitur in evangelio — et calix onychinus, quem benedixit in cena, et aliae multae virtutes. Specillum (species R G β) beatae Mariae in superiore loco et zona ipsius et ligamentum, quo utebatur in capite, ibi sunt et septem cathedrae marmoreae seniorum. Nach virtutes ist statt des Punktes Komma, nach capite statt des Kommas Punkt zu setzen. Specillum statt species ist die wenig geschmackvolle Änderung Gildemeisters, S. 46 Anm. 29. „Species, das auch β bietet, „Aussehen oder Gestalt" müßte etwas anderes sein, als imago, das der Verfasser sonst gebraucht c. 23, 24, aber was? Daher wird die Vermutung, er habe parallel mit den anderen Gegenständen specillum oder speculum geschrieben, nicht zu kühn sein." Aber parallel ist doch der Spiegel den andern Gegenständen, lauter Dingen, die sie an ihrem Körper trug, nicht. Welche Vorstellung ist ferner die heilige Jungfrau vor dem Spiegel! An eine Änderung ist nicht zu denken, da eben species im Spätlatein etwas anderes bedeutet als „Aussehen". S. 9, 21 omnes descendunt in fluvium — induti sindones (sindonis G) et multi (multa G) cum aliis speciebus (species G), quas sibi ad sepulturam servant, von Gildem. unrichtig übersetzt „mit Leinwandgewändern und viele mit anderen Stoffen be= kleidet"; denn induti kann nicht zugleich mit dem Akkusativ sindonis und mit cum verbunden werden, vielmehr gehört multas cum alias species (auch β hat et alias multas species, also den Akkusativ, aber ohne cum) zu descendunt. Indutus als mediales Particip mit dem Akkusativ (siehe Schmalz in J. Müllers Hdb. II S. 263 und Dräger I S. 363) steht auch S. 27, 19 sacerdos ipsorum indutus dalmatica(m) et pallium lineum, ähnlich 25, 10 calliculis (ließ mit G calliculas, was entweder = caligulas oder = galliculas ist) calciatos. Vgl. z. B. Terent. Eunuch. 708: Et eam est indutus? Liv. XXVII,

37, 12: virgines longam indutae vestem. Vita Wandrig. c. 6 p. 33: precinctus galleam salutis et scutum fidei.

Species bedeutet 9, 21 Gegenſtände, die zur Kleidung oder zum Schmuck gehören, vgl. Bonnet p. 261: Species avait pris de bonne heure dans le commerce le sens que nous donnons au mot d'article. A l'espèce ou à la sorte à laquelle appartient un objet se substitue l'objet lui-même. Ce sens n'est pas rare chez Grégoire surtout en parlant d'objets précieux; ebenſo bei Du Cange s. v. species 2: Species res vel quaevis suppellex pretiosa, Lex Wisig. lib. 5, tit. 5 § 3: Si alicui aurum, argentum aut ornamenta vel species fuerint commendatae, Marc. form. I, 31 — auro, argento, speciebus, ornamentis.

S. 15, 17.

Ascendimus in turrem David, ubi psalterium decantavit. Magna valde, in qua sunt monasteria in cenaculis singulis. Quae turris quadrangulis et opus calvum non habens tectum, in quam (quo R G) etiam christiani ad mansionem ascendunt.

Man interpungiere Ascendimus in turre(m) David, ubi -psalterium decantavit, magna(m) valde. Die Form quadrangulis, von B V t in die gewöhnliche quadrangula auch 17, 14 petra quadrangulis geändert, findet ſich nur noch bei Cael. Aurel. de signif. diaet. pass. 115 überliefert. Dann iſt wohl zu ſchreiben quae turris quadrangulis est, opus calvum; letztere Worte werden dann erklärt durch non habens tectum. Opus = Bauwerk, Georges s. v. I B 1 a. Ob die Änderung von in quo (R G) zu in quam nötig iſt, iſt mir fraglich, indem die Beziehung des Relativums auf opus wohl möglich iſt. „Dieſer Turm iſt viereckig. ein kahler Bau, da er nämlich kein Dach hat, zu welchem die Chriſten emporſteigen." 12, 18 dagegen Descendentes de monte Oliveti in vallem (valle R G) Gethsemane (Gessemani R Jessemani G) in locum (loco G), ubi traditus est dominus, in quo sunt tria (trea) accubita, in quibus ille accubuit (in quo ille recubuit G) iſt das zweite in quo (in G) wohl nur durch Wiederholung des vorausgehenden in den Text gekommen (Br in quae).

16, 9.

Et sonat in auribus tuis quasi multorum hominum murmurantium (G murmorantia, β murmoratio). Gilbem. überſetzt: „und es tönt in deinen Ohren wie von vielen murmelnden Menſchen". Der Genetiv ſchwebt aber vollſtändig in der Luft. Es muß alſo entweder nach 15, 21 audiunt voces murmurantium durch Ergänzung von voces geholfen, oder, da ein Subſtantiv murmurantia nicht nachweis= bar iſt, mit β murmuratio geſchrieben werden.

16, 11.

In qua columna tale est signum (talis G signus Itala, Appel p. 87): dum eam amplexasset (amplexas sic G) pectus eius inhaesit (inē G) in ipso (ipsa R G) marmcre et manus ambae apparent et digiti et palmae in ipsa petra (m. ambas et digitos et palmas in i. p. apparent G), ita ut prc singulis languoribus mensura tollatur (tollitur G); exinde et circa collum (colla G) habent et sanantur (habit et sanatur G).

Eine ganz ähnliche Fabel wird von Arculfus III c. 4, p. 195 von einem Marmorbild des h. Georg in Constantinopel erzählt: ipse autem simul misellus in terram cadens manus in illam marmoream misit columnam eiusque digiti quasi in polline vel lutum intrantes in eadem impressi columna inheserunt.

Das Neutrum marmor ist zum Femininum geworden, wie 28, 1, wo Gilbem. marmor (marmoris R) illa als Femin. gelaffen hat. Der Akkusativ marmorem ist aber auch durch Plin. Valer. 3, 14 bezeugt (vgl. Appel p. 99 und Georges). Umgekehrt ist animal und mare Masculinum geworden. Über maris vgl. zu 5, 11. S. 24, 15 omnes animales, quos habuimus, minxerunt wie Ed. Roth. 328 si animales alienum animalem occiderit (vgl. auch Appel p. 99). Von den sonstigen Fällen, in denen bei Substantiven der 3. Deklination ein von der Regel abweichendes Genus erscheint, ist fons bereits zu 3, 14 besprochen. Lapis erscheint als Femininum in R und G 16, 18 ibi sunt et lapides multi (multe R G), cum quibus (quas G) lapidatus est Stephanus und 22, 10 ternos (ternas R G β) lapides portantes, wo zu der von Gilbem. vorgenommenen Umänderung ins Masculinum um so weniger Grund war, als lapis schon im archaischen Latein (Ennius und Varro), dann bei Ampelius und besonders oft bei den Gromat. als Fem. bezeugt ist (Georges). Auch S. 16, 4 steht in G de lapide angulare, que, während 10, 20 auch G lapides illos qui zu haben scheint.

Daß umgekehrt arbor als Masculinum vorkommt, wenn auch bei Antonin nicht sicher, ist zu 11, 16 bereits erwähnt; gesicherte Beispiele bieten Lex Sal. XXVII und Ed. Roth. 138. 240. 241. 319. Auch radix als Masc. durfte nicht beanstandet werden, S. 26, 8 cum radicibus (radices G), quarum (quorum RG) odor u. s. w., da (nach Georges) das Masc. auch bei Vict. Vit. 1, 46 und Diom. 375, 33 bezeugt ist. 28, 4 revertitur in pristinum (pristinam G) colorem ist das Fem. möglicherweise nur durch Verwechslung von u und offenem a entstanden. Es ist indes nicht zu übersehen, daß gerade die Substantiva auf or entsprechend dem Stand der franz. Sprache ins Fem. übergehen. Appel a. a. O. p. 43 führt als Beispiele an humor, labor, honor. Bonnet a. a. O. p. 503 f. fügt dazu amor, livor, dolor, timor, splendor, candor, terror, odor. Das zweifelhafte Beispiel für maeror wird bestätigt durch Vita Wandrig. c. 14 p. 41 maximam merorem u. Arbeo Vita Corbiniani c. 7 p. 36 (Riezler) sub qua merore, Dicta abb. Pirminii c. 23 p. 178 (Caspari) findet sich cum magna honore, in Arbeos vita Corbiniani c. 31 p. 53 cum summa honore; c. 16 p. 46 cum multa honore; c. 35 p. 54 debitas honores; ebendaselbst c. 31 p. 49 qui ex tanta experti (lies experrecti) terrore. Vita Willibaldi, Mon. Germ. XV, I p. 95 magna honor dominica. Vgl. auch Stünkel, lex Rom. Utin. S. 592.

In manus ambas und palmas liegt die im Plural der 1. Dekli=
nation so häufige Vertauschung von Nomin. und Akkusativ vor, an welche sich auch digitos angeschlossen hat. Gilbemeisters Übersetzung: „und beide Hände und die Finger und die Handflächen sind an dem Stein sichtbar, so daß für die einzelnen Krankheiten das Maß ge=
nommen werden kann; danach haben sie es auch um den Hals und werden geheilt" leidet an verschiedenen Unrichtigkeiten. Da nach manus ambas durch die Worte et digitos et palmas keine weiteren den manus gleichstehende Gliedmaßen genannt werden, sondern nur die Teile der manus angegeben werden, so ist et — et = sowohl als auch, also: „und beide Hände, sowohl die Finger als die Handflächen, sind an dem Stein sichtbar." Wahrscheinlich ist in der bereits be=
sprochenen Stelle 15, 13: species beatae Mariae in superiore loco et zona ipsius et ligamentum, quo utebatur in capite das et — et ebenso gliedernd und unterordnend aufzufassen. Mit et vor circa colla habent weiß nun Gilbem. nichts anzufangen; denn in den Worten „danach haben sie es auch um den Hals und werden geheilt" ist „auch" zum mindesten überflüssig, ebenso „danach"; dagegen ver=
mißt man die Angabe des Gegenstandes, von dem das Maß genommen wird, wenn man mit 18, 3 vergleicht: tollentes de ipsis vestigiis mensuram (de ipsa vestigia mensura G),, ligantes (legantes G) pro singulis languoribus et sanantur. Deshalb ist die Interpunktion zu ändern: ita ut pro singulis languoribus mensura tollatur exinde (G tollitur); et circa colla habent et sanantur. Ita ut mit Indikativ wie 21, 19 und 22, 9 (G).

16, 20.

crux beati Petri, qua crucifixus est Romae. In R steht vor qua „in", und dies ist unentbehrlich, da das Kreuz doch nicht das Mittel zum Anheften, sondern der Ort ist, an welchen geheftet wird (β hat ubi). In (ī) konnte nach i ja leicht ausfallen.

17, 4.

Vidi testam de homine inclusam (inclausa G) in locello aureo ornatam ex gemmis, quam dicunt, quia de sancta martyre Theodota esset, in qua multi pro benedictione bibebant aquam et ego bibi.

Ornatam fehlt in RG; aurum et gemmis G; quem RG; martyra G; Theodote RG; bibunt G; aquam om. Gβ.

Ornatam ist aus β in den Text aufgenommen und wird bestätigt durch 18, 4 et ipsa petra ornata est ex auro et argento und 20, 20 ipse praesepius ornatus ex auro et argento. Interessant ist, daß Br ornata hat, obwohl testam inclusam vorangeht. Dies lehrt uns 1) daß ornata keine Konjektur des Schreibers von Br ist, denn dieser würde ornatam geschrieben haben; 2) daß die Handschrift, aus welcher G R und die

Textesrezension β geflossen sind, nicht die korrekten Formen von R
enthielt, sondern wie G hatte testa — inclausa, also ohne m. Martyra
(G) ist bezeugt durch Ennod. carm. 1, 17, 22; Theodote, also die
griechische Form, ist die Lesart von RG, wie 23, 15 der Genetiv Gazis
und 19, 6 und 33, 7 Palaestinis, ersteres durch RG, letzteres durch G
überliefert ist. Bibunt erscheint passender als bibebant, da ja die
Sitte aus dem Schädel zu trinken noch fortbestand, als Antonin
schrieb. So sagt z. B. Arculfus über den Kelch des Herrn I c. 9,
p. 152: quem videlicet calicem universus populus cum ingenti venera-
tione frequentat. Aquam fehlt in G β und scheint in R ergänzt zu
sein nach 15, 12 de qua spongia (spungia G, Vulgärform in der
Itala) aquam bibimus. An letzterer Stelle aber hat aquam seinen
besonderen Grund, da man bei diesem Schwamm unwillkürlich an
den Essig denkt, mit dem der Herr nach Marc. 15, 36 und Joh.
19, 29 getränkt wurde. Vgl. Arculf. a. a. O.: In quo utique calice
inest spongia, quam aceto plenam hyssopo circumponentes Dominum
crucifigentes obtulerunt ori eius. Zu bibere in poculo vgl. Kalb,
Roms Juristen, S. 64 und Schmalz in J. Müllers Handbuch II,
S. 296.

17, 6.

De Sion vero (venimus G) in basilicam (-a RG) sanctae Mariae.
Ohne Zweifel ist mit G venimus zu schreiben, da sonst der noch dazu
am Anfang eines Abschnittes stehende Satz ohne Verbum wäre.

17, 18.

Ubi etiam vestigia illius remanserunt pedum, pulchra, modica,
subtilia (pedem pulchrum modicum subtilem G β). Nam et statura
communis (-em G, -e R), facies (fehlt in G, -em R) pulchra (-am
R G), capilli subanellati (capillo subanelatum R, capillos obanellatus
G, capillo subanelato β) manus formosae (manum formosam RG β,
G nur formosa) digiti longi (digita longa G), quantum (fehlt in G)
imago designat, quae illo vivente picta sunt et posita est (so Gildem.
nach R; picta et posita est G; depicta est et posita β) in ipso
praetorio.

Der Schluß ist in der von Gildem. approbierten Fassung der
Handschrift R geradezu sinnlos, wie natürlich auch seine Übersetzung:
„soviel es das Bild, wie sie bei seinen Lebzeiten gemalt sind, anzeigt,
das in dem Prätorium aufgestellt ist." Selbstverständlich ist G zu
folgen: quae illo vivente picta et posita est in ipso praetorio, „welches
zu seinen Lebzeiten gemalt ist und sich im Prätorium befindet."

Im Vorausgehenden hat sich Gildem. genötigt gesehen, alle
Akkusative in Nominative zu ändern; Ursache war das in R und β
interpolierte quantum. G hat quantum, welches die ganze Konstruktion verdirbt, nicht, und Molinier hat sicher das Richtige getroffen,
wenn er es wegläßt. Es fragt sich nur, ob man schreiben will ubi
etiam vestigia illius remanserunt; pedem pulchrum, modicum, sub-

4

tilem, nam (= sed) et staturam communem, faciem pulchram, capillos subanellatos, manum formosam, digita longa imago designat, quae illo vivente picta et posita est in ipso praetorio, in welchem Fall vestigia „Fußspuren" bedeutet, oder da 18, 3 de ipsa vestigia pedum folgt, eine durch Homoioteleuton zu erklärende Lücke anzunehmen ift ubi etiam vestigia illius remanserunt < pedum; nam > pedem u. f. w. Der Singular manum formosam läßt darauf schließen, daß das Bild im Profil dargestellt war, da man nur eine Hand sah. Möglicherweise ift auch habebat vor quantum ausgefallen.

Statura bedeutet das nämliche wie 4, 16 status: super statum (naturam t) hominis talea grossa, vgl. Grom. 373, 12: status autem est unius cuiusque altitudo.

18, 2.

Nam petra illa, ubi stetit fiunt virtutes multae. Da β vor petra die Präposition de hat, so ift dieselbe jedenfalls in den Text aufzunehmen nach 4, 7 et multa ibi sunt (lies fiunt) beneficia de vestimentis eius.

19, 6.

Ad viam, quae respicit (ad G β, om. R) occidentem (G orientem gegen R β), quae descendit ad Joppem et Caesaream Palaestinae (—is R G) vel Diaspolim (—i R β, —is G) civitates (—em G β), quae antiquitus dicitur Azotus. Die in G β überlieferte Konftruktion respicit ad findet eine Stütze in 16, 1 in locis, quae respiciunt ad Sodomam et Gomorram.

Civitates ift ein Fehler der Handschrift R, der nicht verdient hätte, in den Text gesetzt zu werden; es ift deshalb unmöglich, weil das folgende Relativum sich nur auf die eine Stadt Diaspolis bezieht. Denselben Fehler civitates statt civitate hat übrigens R auch 2, 18.

20, 4.

Nam ipsa piscina modo redacta est in stercore (G β; —em R) et ibi lavant (—ur β, labantur G) omnia, quae sunt necessaria in civitate. Die Verwirrung zwischen Akk. und Abl. nach in hat also auch in dem Original geherrscht, aus dem β geflossen ift. Sicherlich ift lavantur zu schreiben.

20, 15.

Suavitudo ad bibendum innarrabilis, dicitur, eo quod s. Maria fugiens in Aegyptum in ipso loco sedit et sitivit et sic egressam ipsam aquam (egressa esset ipsa aqua G, et continuo ipsa aqua emanavit β). Da oben G statt dicitur hat dicens, β dicunt, so kommt jedenfalls dicent (= dicunt) der Überlieferung am nächsten; auch et sic egressa esset ipsa aqua ift wohl das Ursprüngliche, von R und β verschieden korrigiert. Umgekehrt steht dicent für dicens

Vita Wandr. p. 47. Innarrabilis war bisher nur aus einer einzigen Stelle des Lactantius de Phoen. 54 bekannt.

21, 1.

Os vero speluncae ad ingrediendum angustum omnino. Hieronymus presbiter in ipso ore speluncae ipsam petram (ipsa petra G) sculpivit*) et monumentum sibi (ibi R) fecit, ubi et positus est, continuo medium miliarium a Bethlehem in sub urbe (suburbio G, suburbi Br) David. David (nur einmal G) ibi (ubi G) iacet in corpore, simul et Salomon filius ipsius, duo monumenta. Quae basilica ad sanctum David appellatur. Die sonderbare Interpunktion, die Gildem. hier vorgenommen hat, soll diese Stelle mit Arculf II, 4 und 5 in Einklang bringen, welcher den Hieronymus nicht in der Höhle der Geburt Christi begraben sein läßt, sondern in dem Thal, welches südlich von dem Bergrücken (der sich von Ost nach West erstreckt) liegt, auf dem Bethlehem erbaut ist. Freilich ist damit nur ein Teil der Widersprüche beseitigt; denn wenn Gildem. S. 51 Anm. sagt: „Die Gräber des Hieronymus und David sah auch Arculf in dem Thale unterhalb der Stadt", so ist zu bemerken, daß Arculf das Grab des Hieronymus im Süden, das des David aber im Norden der Stadt ansetzt. Wo sich Antonin das Grab des Hieron. denkt, ist doch ganz klar ausgedrückt in den Worten: in ipso ore speluncae ipsam petram sculpivit (er meißelte den Felsen aus, um sich in der ausgemeißelten Höhlung, dem monumentum, begraben zu lassen) et monumentum sibi fecit, ubi et positus est. Was Gildem. übersetzt, grenzt hart an Unsinn: „Hieronymus höhlte den Fels in der Mündung der Höhle aus und machte sich ein Grabmal, in dem er auch beigesetzt ist, in gerader Richtung eine halbe Meile von Bethlehem unterhalb der Stadt Davids." Um sich einigermaßen zu erklären, wie Gildem. dazu kommt, den Hieron. ½ Meile von der Stadt begraben sein zu lassen, während er in der doch innerhalb der Stadt (Arc. II, 2) liegenden Höhle sein monumentum meißelte, ist anzunehmen, daß Gildem. monumentum als Grabstein faßt, der dann aus der Höhle forttransportiert worden sei. Aber diese Auffassung ist unmöglich gemacht durch die Worte ubi et positus est. Und da wenige Zeilen weiter unten von dem monumentum der unschuldigen Kinder gesagt wird „aperitur", so sieht man deutlich, daß hier monumentum nicht den Grabstein, sondern das Grab selbst bedeutet, wie das gleichbedeutende memoria, das Silvia mit Vorliebe gebraucht, z. B. 35, 6 memoriae concupiscentiae = Vulg. Num. XI, 34 concupiscentiae sepulcra. Vgl. Joh. 5, 28: et resurgent qui in monumentis sunt.

*) Vgl. ital. scolpire, Diez Gramm. S. 517. Sculpire auch in der Passio sanctorum IV coronatorum, herausgeg. von W. Wattenbach, Leipzig 1870, S. 325.

4*

Es ist daher mit Tobler=Molinier nach positus est Punkt zu
setzen. In den folgenden Worten kann in sub nicht mit Gildem. als
Doppelpräposition gefaßt werden, aus dem Grund, weil diese Zu=
sammensetzung nicht existiert (siehe C. Hamp, Die zusammengesetzten
Präpositionen im Lateinischen, Wölfflins Archiv V, S. 321 ff.) Die
Wiederholung von David (Gildem.) ist nur ein mißglückter Versuch
die Schwierigkeit zu überkleistern „eine halbe Meile von Bethlehem
unterhalb der Stadt Davids" (b. i. wieder Bethlehem) ist eine ganz
unmögliche Ausdrucksweise. R hat gelesen in sub urbe und ähnlich
auch Br in sub urbi, so daß in suburbio (G) sich nur wie ein Ver=
such ausnimmt, die fehlerhafte Überlieferung zu emendieren. Auch
der Schreiber von V ist offenbar mit Zugrundelegung von Br (sub
urbi) auf das gleiche Auskunftsmittel geraten, und ähnlich schreibt B
in suburbano, was offenbar ebenfalls nur Vermutung für in sub
urbi ist. Aber ein neuer Anstoß liegt in den Worten quae basilica,
während doch von gar keiner basilica noch die Rede war. Ich nehme
deshalb an, daß nach in ‚basilica' ausgefallen ist und schreibe daher:
Continuo medium miliarium a Bethlehem in basilica sub urbe, David
ubi iacet — appellatur. „½ Meile von Bethlehem sind in einer Kirche,
unterhalb der Stadt, wo David begraben liegt und zugleich sein Sohn
Salomon, zwei Gräber; diese Kirche wird zum h. David genannt."
Zum Ausdruck vergleiche 20, 7 venimus ad sanctum Isicium, qui ibi
in corpore iacet. Arculfus sagt von dieser Kirche II. c. 4, p. 171:
Haec ergo ecclesia extra civitatis murum in valle contigua (daher
bei Antonin sub urbe) est fundata, quae Bethlehemitico in parte
aquilonali monticulo cohaeret. Arculfus sah in dieser Kirche nur
ein Grabmal, das des David, während auch im Itin. Burdigalense
p. 19 die Gräber des David und Salomon zusammengenannt werden:
Inde (nämlich von der von Constantin über der Geburtshöhle erbauten
basilica) non longe est monumentum Ezechiel, Asaph, Job, Jesse,
David, Salomon et habet (= il ya) in ipsa crypta ad latus deorsum
descendentibus hebraeis litteris nomina supra scripta. Daß Arculfs
Angaben zu denen Antonins nicht stimmen, ist nicht zu verwundern,
da man aus den Worten Arculfs ersieht, daß die Frage eine strittige
war: Arculfus a me de sepulcro David regis interrogatus hoc nobis
responsum dedit inquiens: Sepulcrum David regis in terra humati
ego ipse non negligenter inquirens frequentabam, quod in
parte media pavimenti ecclesiae sine aliquo habetur superposito
ornamento u. s. w. und ähnlich De sepulcro quoque sancti Hieronymi simili sollicitudine nobis inquirentibus Arculfus sic ait:
Sepulcrum s. Hieronymi. de quo inquiritis, ego conspexi u. s. w.
Quod videlicet Hieronymi sepulcrum simili opere ut Davidicum
monumentum compositum nullum ornatum habet. Die letzten Worte
lassen also auch auf den Mangel einer Inschrift auf beiden Gräbern
schließen, wodurch eben die Unsicherheit entstand. Arculfus polemisiert
manchmal direkt gegen die Überlieferung. Wenn z. B. Theodosius
§. 51 und Antonin S. 12, 18 in der Höhle, in welcher der Herr

verraten wurde, der eine vier, der andere drei accubita sahen,
erklärt Arculfus diese Steine für Tische, p. 159: In eadem ergo
spelunca quatuor insunt lapideae mensae, quarum una est iuxta
introitum speluncae ab intus sita, Domini nostri Jesu Christi, cui
procul dubio mensulae, sedes ipsius adhaeret, ubi cum duodecim apostolis simul ad alias mensas ibidem habitas sedentibus et
ipse conviva aliquando recumbere solitus erat. Die Worte procul
dubio müssen sich doch gegen eine andere Tradition wenden. Ferner
läßt er den Herrn sitzen, während ihn seine beiden Vorgänger zu
Tisch liegen lassen; endlich unterscheidet er richtig diese Höhle im
Ölgarten Gethsemane vom cenaculum, dem p. 160 auf dem Plan
sein Platz in der Marienkirche angewiesen wird, während Theodosius
ausdrücklich und Antonin wahrscheinlich (wegen des Perfekts recubuit)
die Höhle des Verrats mit der Stätte des letzten Abendmahls iden-
tifizieren, gegen Matth. 26, Marcus 14, Joh. 18, 1, wonach zwischen
beiden der Bach Kidron lag.

Antonin läßt die Jungfrau Maria in der Kirche im Thal
Josaphat gestorben sein und verlegt dorthin auch ihr Haus. Nach
Arculfus und Petrus Diaconus p. 128 (Gam.) ist das Haus der
Maria, in dem sie gestorben ist, an der Stelle der Kirche auf Zion
gewesen (welche nach Theodosius das Haus des Marcus war). In
der von Antonin angenommenen Kirche in Josaphat (Gethsemane)
erkennt Arculfus nur ihr Grab an und polemisiert ausdrücklich gegen
die zuerst bei Gregor von Tours auftauchende, vom Urheber der
Rezension β auch in Antonin hineingetragene Fabel, daß die Mutter
Gottes von den Engeln auferweckt und in den Himmel getragen
worden sei, I, c. 14 p. 157: ad dextram vero eius partem sanctae
Mariae saxeum inest sepulcrum vacuum, in quo aliquando requievit
sepulta. Sed de eodem sepulcro quomodo vel quo tempore aut
a quibus personis sanctum corpusculum eius sit sublatum, vel in
quo loco resurrectionem exspectat, nullus, ut fertur, pro certo scire
potest. Somit liegt auch an unserer Stelle in dem Widerspruch mit
Arculf keine sachliche Schwierigkeit.

21, 17.

Nam et depositiones (depotione R, deposicio G, —tio β) Jacob
et David — devotissime celebrantur (celebratur G β). Da der
Begräbnistag oder Todestag des Jakob und David auf den gleichen
Tag fiel, so verdient der besser beglaubigte Singular den Vorzug.

22, 12.

Videntes spiritua immunda volvi, oculate fieri (videtur spiritu
in mundo volvi oculata fiet R, videntes spiritua inmunda volo ia-
culata fiet G, videntur volvi inmundi spiritus β) tamquam vellera
(vellora G Br) lanae (lana G) aut certe undas maris. Gildem.
übersetzt S. 52: „Man sieht unreine Geister wogen; das geschehe

augenſcheinlich, als ob es Wollenvließe oder wenigſtens Meereswellen
ſeien." Man ſieht nicht ein, wovon der von Gildem. hergeſtellte
Infinitiv oculate fieri abhängig ſein ſoll; auch heißt oculate nicht
„augenſcheinlich", ſondern „ſichtbar"; endlich iſt oculata überliefert.
Entweder iſt nach 33, 4 evidenter oculata fide (oculate fide R,
colatu fidei G) vidi beatam Euphemiam per visionem herzuſtellen:
oculata fide oder oculata fieri von videntes abhängig. Vellora lanae
kann unmöglich „Wollenvließe" bebeuten, ſondern wie bei Vergil
Georg. I 397 u. Lucan IV 124 „Lämmerwolken". Die geiſterhaften
Geſtalten wogen auf und ab wie Wolkengebilde oder Meereswellen.
über die Unſicherheit in der Deklination der Wörter auf us nach
der 3. Deklination, ob der Gen. auf oris oder eris zu bilden ſei,
ſ. Bonnet a. a. O. p. 345.

24, 3.

Quae dum nuptias fecisset (nupcias fuisset G, nupta fuisset R *β*)
et in ipsa nocte nuptus sui est mortuus sponsus eius.

Dum mit coni. plusq. = cum wie 16, 11 und 24, 14 von
Schmalz in J. Müllers Handbuch) II 364 als Eigentümlichkeit
Caſſiobors bezeichnet. Nuptias fecisset (Gildem.) iſt ebenſo möglich
wie nupta fuisset, für welches mehr die Überlieferung ſpricht. Jedenfalls iſt et nach fuisset als Dittographie zu tilgen wie Vita Wandreg.
c. 8, p. 35: et si quando in ipsa visione nocturna per tetillacionem
carnis illusionem habuisset, [et] surgens continuo mergebat se influvio.

24, 4.

Quae patienter portavit et intra septimanam illius manumisit
omnem familiam, erogavit pauperibus vel monasteriis.

Der abſolute Gebrauch von erogavit iſt ſehr hart, vgl. die Überſetzung Gildemeiſters: „Sie trug es geduldig und innerhalb der Woche
ließ ſie ſein Geſinde frei, verausgabte an Arme und Klöſter." Auch
20, 8 ſteht bei erogare ein Objekt: ubi etiam et panes erogantur
ad homines pauperes et peregrinos. Vgl. Gesta abbat. Fontin.
M. G. H. II p. 293, 23 quam semper larga manu cunctis egentibus
erogare noverat; 298, 17 alias quinque libras pauperibus erogaret;
299, 13 opes suas egenis ac pauperibus erogari fecit. In der von
Röberlin herausgebenen Erklärung zum Matthäus (Augsburg 1891),
S. 44 amplius aggregare pauperibus debet, iſt egrogare überliefert,
alſo erogare zu ſchreiben. Ich glaube, daß eine Lücke anzunehmen
iſt: et intra septimanam illius manumisit omnem familiam <vendidit
rem familiarem> erogavit paup. vel monast. nach Matth. 19, 21
vade, vende omnia quae habes et da pauperibus.

24, 6.

Intrinsecus celebrato die septimo ipsa nocte sublato sponsi
vestimento non est inventa.

Hier berechtigt nichts den in G und R überlieferten absoluten Akkusativ sublatum sponsi vestimentum in den Ablativ umzuändern. Dann hat Gildem. intrinsecus verkehrt aufgefaßt, weshalb er es auch in seiner Übersetzung noch besonders erklärend umschreibt: „Nachdem sie den siebenten Tag innerlich (d. h. ohne dies äußerlich zu verraten) gefeiert, verschwand sie." Es ist vielmehr zu übersetzen: „Nachdem sie drinnen (d. h. im Hause) den siebenten Tag gefeiert hatte, wurde sie (dort) nicht mehr gefunden", sondern soll in der Wüste weilen.

24, 12.

Et nutriebant leonem pitulum (pittulo G) mansuetum (fehlt in G), ingentem, terribilem ad videndum (pit. mans. ing. fehlt in β); qui (quam G) dum (cumque β) appropinquassemus cellulae, ante rugitum illius (fehlt in R), omnes animales, quos habuimus, minxerunt. Gilde= meister athetiert die Worte ingentem, terribilem ad videndum aus dem gleichen Grund, aus dem ohne Zweifel in β die Worte pit. mans. ing. weggelassen wurden, indem er bemerkt, S. 53 A. 44: „Die Epitheta des Löwen widersprechen sich so, daß schon im Text a Zusammenfluß zweier Lesarten anzunehmen ist." Aber ing., terr. ad vid. paßt andrerseits sehr gut zu der im Folgenden so drastisch geschilderten Wirkung seines Gebrülls. Pitulus, nur aus unserer Stelle bekannt, ist eine höchst wertvolle Ableitung vom Stamm pit, von welchem auch pitynnus, Rossi inscr. Christ. 1 no. 556 p. 235, bei Georges als Nebenform zu pisinnus angeführt, abgeleitet ist. Leider ist nicht angegeben, woher die In= schrift bei Rossi stammt. Unser Pilger stammt aus Placentia; sollte es ein Zufall sein, daß gerade im mailändischen Dialekt pitin mit dem Begriff der Kleinheit und im cremonenser peteen Kleinigkeit noch existiert? (Diez, Wörterb. ³ 251).

Ich glaube, daß pitulum mansuetum, oder a pitulo mansuetum zu verbinden ist, als jung oder von kleinauf gezähmt; nichtsdesto= weniger konnte er später ingens und terribilis wenigstens ad viden= dum sein.

24, 16.

Die ganze Geschichte von der Maria, die dem Antonin vom Bischof von Elusa erzählt wird, leidet auch jetzt noch an mancher Unklar= heit, obwohl Gildem. wesentlich dazu beigetragen hat, sie verständ= licher zu machen (S. 53 A. 42). Nur in dem Punkt kann ich ihm nicht beistimmen, daß der Verfasser, so schlecht er auch erzählen mag, den Bischof bald in der ersten Person reden läßt, bald in der dritten von ihm spricht. Letztere Annahme bezieht sich auf 24, 16: Nam et sic dicebat (R G, β dicebant) nobis, quia ipsum asellum (ipso asello G, ipse asellum R) ipse leo in pascua gubernaret. Quibus per me centum solidos offerebat u. s. w. Dieser Satz unterbricht aufs störendste die in der ersten Person durchgeführte Erzählung des

Biſchofs. Jeder Anſtoß ſchwindet, wenn wir mit β dicebant ſchreiben und als Subjeft puellae annehmen wie in Zeile 12 zu nutriebant und 25, 1 et ipsae nobis dixerunt de virtutis Mariae. Die Numeri im Verbum ſind ja ohnehin oft verwechſelt, ſo ſteht z. B. in G 6, 1 leprosi, qui habit; 16, 14 circa colla habit et sanatur ſtatt des Plurals; umgekehrt iſt 9, 18 ſtatt incipiant wahrſcheinlich incipiat zu ſchreiben.

25, 1.

Et ipsae (ipsi R G) nobis dixerunt de virtute (-is G) Mariae, quae ambulabat in eremo duos dies. Ille, cum quo eram, ambulavit quaerendo (-um G) u. ſ. w.

Gildem. überſetzt: „Sie ſprachen uns von der Vortrefflichkeit (richtig wäre v. b. Wundern) der Maria, die immer zwei Tage lang in der Wüſte wandelte.“ Das Wort „immer“ hat Gildem. unberechtigt in ſeine Überſetzung eingefügt. Aber auch vorausgeſetzt, ſie hätte immer zwei (binos) Tage in der Wüſte gewandelt, wäre alſo am dritten ins Kloſter zurückgekehrt, dann wäre es ja unnötig geweſen, ſie zu ſuchen. Es wird offenbar Bezug genommen auf 24, 8: de qua dicitur in eremo esse trans Iordanem inter calameta vel palmeta ambulantem. Ferner ſteht der Satz ille cum quo eram mit dem vorangehenden in keiner Verbindung. Deshalb iſt es nötig, die Interpunktion zu ändern, nämlich nach eremo Punkt zu ſetzen und zu verbinden: Duos dies ille, cum quo eram ambulavit quaerendo. G hat quaerendum = -o wie 12, 6 lingendum = -o. Ebenſo beginnt auch hod. Willib. c. 13 der Satz mit einer Zeitbeſtimmung: Unum diem fuerunt illic, ähnlich c. 16.

25, 8.

Tantum dicebat: vae mihi misero, qua causa christianus dicor (ſo Gildem. mit R; quis me causa christianus decore G; cuius causa me christianum dico β). Die Lesart von R macht den Eindruck einer grammat. Korrektur; darum wird wohl mit G β zu leſen ſein cuius causa me christianum dico. „Wie kann ich mich (im Vergleich mit Maria) einen Chriſten nennen!“

25, 12.

Venimus ad locum, de quo (loca qua G; loca de qua Br M) dicitur: terra in salsugine a malitia inhabitantium in ea. Ubi vidimus raros (rasos β) homines (fehlt in G) cum camelis (camillos G camelos Br M) fugientes nos ... Nam et in Hierosolima vidimus homines aperte Aethiopes (a parte etiopiae G ex ethiopia β) nares fissas (nares fessas aures fessos G, habentes fissas nares et aures β) calliculis calceatos (calliculas calciatos G) et per digitos (digita G) in pedes anulos missos.

Venimus ad locum hätte nur Berechtigung von einer einzelnen bestimmten Stelle, nicht aber von einem Land; da nun G loca qua, β loca de qua hat, so ist kein Zweifel, daß der Plural in den Text aufzunehmen ist. Über qua als Neutrum Pluralis vgl. Bonnet p. 395: qua est neutre pluriel très fréquemment. Weiter ist zu schreiben: — in ea, ubi vidimus homines raros cum camillos fugientes nos, (nam et in Hierosolima vidimus), homines a partes Aethiopiae, nares fissos, aures fissos, caligulas (ober galliculas) calciatos et per digita in pedes anulos missos. Der in Parenthese stehende Satz soll erklären, woher die Pilger die Leute als Äthiopier kennen, obgleich sie vor ihnen davonflohen. Sämtliche Partizipien fissos, calciatos und missos sind medial zu fassen und deshalb noch mit einem Objektsakkusativ versehen, wie 9, 22 induti sindonis und 27, 9 indutus pallium lineum.

Über die Wortformen camillos und calciatos siehe Georgs. Über partes = regio, siehe meine Krit. Bem. zu Silvia S. 55, sowie Vita Wandreg. 36, 31; Origo gentis Langob. p. 646; Gesta abbat. Fontin. M. G. H. II, p. 291, 35.

26, 8.

Adducebant resticulas cum radicibus (radices G), quarum (quorum G) odor suavitatis super omnia aromata, (hier hat G et) nihil licentes, quia anathema habebant. Et in G ist entstanden aus einer Abkürzung für erat, welches in β steht.

27, 5.

Et ascendimus in montem continuo milia tria et venientes (venimus G) ad speluncam, ubi absconditus fuit Elias. Gildem. schreibt in der Anmerkung: „ad locum ad speluncam R, wo ad locum verschrieben, aber nicht getilgt ist; G verbesserte ad locum speluncae, die gute Lesart ad speluncam noch in β". Nun ist ja nicht zu läugnen, daß die Lesart von β ganz einwandfrei ist; aber ebenso möglich ist auch die von R und G; vgl. 29, 22 descendimus etiam in locum ad septuaginta duas palmas (etiam et ad l. ad LXX palmas G im Einklang mit Exod. 15, 27 und Num. 13, 9) et XII fontes.

27, 11.

Quo (man schreibe mit G β in quo) loco omnes pro devotione (-em G) barbas et capillos suos tondunt (R G β tondent) et iactant, ubi et ego etiam (etiam et ego G) tetigi barbas. Außer der merkwürdigen Änderung des regelrechten tondent in tondunt ist auch die Lesart von R et ego etiam von Gildem. mit Unrecht bevorzugt worden; denn die aus Silvia wohlbekannte Verbindung etiam et und nec non etiam et (vgl. Wölfflin über die Latinität der Peregrinatio ad loca sancta, Archiv IV, S. 269), erscheint stets in der Form, daß etiam vor et gestellt ist, siehe Bonnet p. 314 mit Anm. 1 und Schmalz in J. Müllers Handbuch II, S. 310.

Barbas am Schluß vom Bart eines einzelnen ist auffallend, so
daß β barbam meam korrigiert hat, aber doch mit Unrecht nach
Ed. Rotharis 383: si quis hominem liberum surgentem rexa per
barbas aut capillos traxerit, conponat solidos sex; si servo rusticano
per barbas aut capillos traxerit, conponat sicut pro ferita una.

27, 14.

In quo per circuitum cellae multae (cellolas multorum G, cellulae multae β) servorum dei.

Jedenfalls ist cellulae zu schreiben, da auch sonst nur die Demi=
nutivform vorkommt S. 10, 7; 19, 21; 24, 14. Siehe auch Bonnet
p. 237, Anm. 2.

27, 16.

Et in ipso monte, in parte montis habent idolum suum positum
Saraceni marmoreum, candidum tamquam nix. Nach in ipso monte
befremdet in parte montis, und β hat deshalb zusammengezogen: Et
in parte ipsius montis. Aber eine solche einschränkende Bestimmung
folgt auch 14, 17 auf die allgemeinere Ortsangabe: In basilica
Constantini coherente circa monumentum vel Golgatha, in atrio
ipsius basilicae est cubiculum, ubi lignum crucis reconditum est.
Ganz ähnlich Silvia S. 58, 8: nam in isto colliculo, qui est in
medio vico positus, in summitatem ipsius fabricam quam vides ecclesia
est. Sonst werden solche Einschränkungen mittels id est oder hoc
est angefügt, oft bei Silvia, z. B. 90, 16: ista septimana omnes,
id est die crastino hora nona omnes ad Martyrium conveniamus;
Theodosius § 40: in ipso monte, hoc est ad pedem montis ipsius,
fecit Abraham altare.

Gildem. übersetzt S. 57: „Auf diesem Berg an einer bestimmten
Stelle desselben haben die Sarazenen ihr Idol aufgestellt," wobei er
von einem richtigen Gefühl geleitet, „bestimmten" interpoliert. Ich
glaube, daß in der That ein Attribut zu parte ausgefallen ist, das
entweder wie dextra die Richtung vom Standpunkt des Hinauf=
steigenden aus oder eine Himmelsgegend bezeichnete.

Scheinbar aus der Konstruktion fallend ist der Nominativ nix;
allein derselbe erklärt sich durch Trennung von tam und quam, indem
zu nix die Kopula est zu ergänzen ist; ähnlich 28, 3 fit nigra marmor illa tamquam picem G, pice R, und 28, 7 et fit (manna) tamquam
granum masticis. In allen diesen Fällen ist tamquam in seiner
ursprünglichen Bedeutung in einem der Realität entsprechenden Ver=
gleich verwendet, vgl. Schmalz in J. Müllers Handbuch II, S. 342.

Bei dieser Gelegenheit möchte ich erwähnen, daß tam —- quam
im Sinn von cum — tum, welches von Kalb, Juristenlatein, S. 62
in Übereinstimmung mit Schmalz als eine Spezialität der Juristen
bezeichnet wird, sich in der Peregrinatio der Silvia findet. S. 96, 1:
ponitur in mensa tam lignum crucis quam titulus.

Wie hier tamquam, so ist 14, 2 ipsum monumentum sic quasi in modum metae coopertum ex argento und 16, 9 et sonat in auribus tuis quasi multorum hominum murmorantia die Partikel quasi auffallend verwendet. Daß ihre Bedeutung ganz mit der von ut zusammengefallen ist, zeigt 3, 12 in qua adoravimus quasi dicentes nobis (= ut nobis dicebant) amulam et canistellum s. Mariae. Die Handschriften der Klasse β haben die ihnen unverständlichen Worte q. d. n. weggelassen, Gilbem. hat sie in quia sic d. n. geändert. Quasi und ut wechseln ab in Nicetas von Aquilejas Auslegung des Symbols bei Caspari S. 348: dormiens ut homo, sed ventis imperans quasi deus.

28, 12.

Burdones qui in montibus (montes G) molunt (molent R G). β läßt den ganzen Relativsatz weg, wohl weil er ihn nicht verstand; aus dem gleichen Grund schreibt R hinzu alias manent (wohl alii m.). Auch Gilbemeister zweifelt S. 57 an der Richtigkeit von molent, aber ohne Grund. Während sonst Esel die Mühlen treiben, wie in Elusa 24, 12: quae habentes unum asellum, qui illis macinabat, versehen auf den Bergen dies Geschäft die Maulpferde.

28, 14.

Eine sehr schwierige, wahrscheinlich lückenhafte Stelle ist: Et quia iam se (om. G.) complebant dies festi Saracenorum, praeco exivit, ut qui non subsistere < t, absisteret > per heremum (heremo G) reverti, per quam (per quo R G β) ingressi sumus, alii per Aegyptum, alii per Arabiam reverterentur in sanctam civitatem. Unter dem Einfluß der Endung heremus als Mascul. auch Vit. Wand. p. 39, in heremo qui dicitur Gemeticus und bei Gregor v. Tours, s. Bonnet a. a. O. p. 507, ebenso bei Antonin 26, 11 per ipsum maiorem eremum R G β, 24, 2 eremi qui vadit ad Sina G β, dagegen gleich darauf in qua. Ebenso humus aridus Arbeo Vita Corb. c. 22; porticus in christlichen Inschriften und in der Vita Wynnebaldi, Mon. Germ. XV, 1 p. 116 u. 117. Vgl. auch Stünkel, lex Rom. Utin. S. 591.

Der Ergänzungsversuch Gilbemeisters ist unbefriedigend; eine andere Vermutung — denn über Vermutungen wird nicht hinauszukommen sein — ist: Et quia iam se complebant dies festi Saracenorum, praeco exivit, ut, quia non subsisteret per eremum reverti, per quo ingressi sumus, alii per Aegyptum, alii per Arabiam reverterentur in sanctam civitatem. Von ut muß abhängig sein reverterentur. Es ging ein Herold aus, daß die einen über Äg., die anderen über Arabien zurückkehren sollten, also nicht über die Wüste et-Tih. Man erwartet nun einen Grund für diese Aufforderung zu hören, und der muß in dem Satz liegen qui non subsistere u. s. w., dessen Sinn sein muß „weil es nicht mehr möglich sei, durch die

Wüſte zurückzukehren, durch die wir hereinkamen". Subsistit ſcheint
alſo unperſönlich gebraucht zu ſein „es bleibt die Möglichkeit"; nach=
weiſen kann ich freilich dieſen Gebrauch ſonſt nicht; aber ich möchte
an den analogen Gebrauch von est, adest (Kaulen S. 161 und
Rönſch, Semaſ. Beitr. III, S. 5) capit = ἐνδέχεται (Kaulen, S. 160
und Rönſch, Itala S. 351) für das griech. ἔστιν, ἔξεστιν, οἷόν τέ
ἐστιν erinnern, ſowie endlich an subiacet = licet, Rönſch, Semaſiol.
Beitr. III, S. 78 „in jemandes Macht oder Hand ſtehen", z. B.
Lactant. VII, 20, 11 cui subiacet posse omnia und 18, 14 deo
subiacet cogitare. Dazu kommt, daß wenigſtens existere im Spät=
latein ganz im Sinn von esse gebraucht wird, z. B. Vita Hugb.
p. 53: narracionis seriem conabor adgredere, qualis in episcopatu
vita eius extitit und Vita Wandrig. p. 45 c. 18 eo quod semper —
fortissimus demigatur (= dimicator) fuerit — adque ad vitam aeternam
pius datur exteterat, ähnlich V. Hugb. c. 1 qui pastor existeret
gregis et imitator sui praecessoris. Ganz ebenſo wird adesse ge=
braucht für manche Formen von esse in der Vita Wandrig. z. B.
c. 9 ostendens ei omnis habitacionis eius, quomodo aut qualiter
adessent = essent; c. 10 semper in lege eius meditacio ipsius
aderat u. ſ. w. Es wäre ſomit subsistit = existit = est oder adest.

28, 21.

Et venientes in civitatem Phara. In G iſt überliefert in Fara
civitatem. Dieſe Stellung iſt zwar nicht die regelmäßige, aber doch
auch nicht unmöglich nach 1, 11 item in Triarim civitatem; 4, 17
in Tabor monte; 14, 13 in Siloa fontem.

29, 2.

Civitas munita muris de (e G) lateribus, locus sterilis*) valde
praeter aquas et palmas. In qua civitate est episcopus et occur-
rentes mulieres cum infantibus unguebant plantas nostras (unguebant
pedes nostros, unguebant plantas R; offenbar iſt eine Gloſſe in den
Text geraten) et capita nostra (et G, fehlt in R) lingua Aegyptiaca
psallentes antiphonam.

Nach palmas ſetze man Komma, nach episcopus Punkt; et vor
lingua iſt möglicherweiſe richtig, indem das Partizip psallentes für
das Verb. fin. psallebant ſteht.

29, 10.

Octoginta condomae (— as R G) militantes in publicum (— co G
opilium R), cum uxoribus suis annonam (— as R G) de publico

---

*) Mit Recht hat Gildem. die Konjektur Tuchs (S. 37) fertilis verworfen.
Vgl. auch Petr. Diac. S. 140: Non fert autem locus ille agros aut vineas
nichilque aliut ibi est nisi aqua et arbores palmarum. Bernardi Itinerarium
c. 9, p. 313: et bene desertum dicitur, quoniam nec herbam nec alicuius
seminis fructum affert exceptis arboribus palmarum.

accipientes de Aegypto, nullum laborem habentes, quia nec habent
ibi (ubi G, om. R), eo quod totum arena sit et praeter singulos
dies (harenas et praeter singulis diebus G) habentes singulas equas
Saracenas. Qui capitum (u R G), paleas et hordeum, de publico
accipientes (accipiunt R), discurrentes cum ipsis per eremum pro
custodia monasteriorum et eremitarum propter insidias Saracenorum,
at quorum (antiquorum R G) timore (timorem G) non exagitantur
Saraceni.

Der Plural annonas ist nicht in den Singular zu ändern, vgl.
Bonnet p. 261 und die dort angeführten Stellen aus Gregor, sowie
Anon. Vales. p. 295, 24 dona et annonas largitus; 298, 8 donavit-
que populo Romano et pauperibus annonas singulis annis, centum
vigenti milia modios, wo wohl das Komma statt nach annis nach
annonas zu setzen ist.

Labor bedeutet „Feldarbeit" wie Liutpr. leg. 134, 5: qui in
campum aut in vitis (= vinea) — suum laborem faciebat, ja es
nimmt sogar die konkrete Bedeutung „Feld" an 146, 4: quod asto
et iniquo animo feminam ipsam ambolare per laborem alterius
fecissit, während vorangeht: si quis invenerit libera mulierem —
per campum suum seminatum ambolantem. Vgl. die Bedeutung der
franz. Wörter: Labour, labourable, labourage, laboureur, die ganz
auf den Ackerbau beschränkt ist.

Weiter ist mit G zu schreiben: quia nec habent, ubi (sc. labo-
rent), eo quod totum harena sit (letzteres aus harenas et; das in R
folgende et ist also zu tilgen). Zur Ergänzung des Verbums nach
quia nec habent, ubi vgl. die Ellipse 25, 17 requisiti, quare sic,
dixerunt u. s. w., sowie Dräger I p. 218.

Ferner schreibe ich: Praeter singulis diebus habentes singulas
equas Saracenas, quae capitum, paleas et hordeum de publico
accipient, discurrentes cum ipsis per eremum —; ante quorum
timorem non exagitantur Saraceni „Außer an einzelnen (d. i. bestimmten) Tagen streifen sie, jeder mit einer sarazenischen Stute versehen, welche Grünfutter, Spreu und Gerste aus öffentlichen Mitteln
erhalten, mit diesen durch die Wüste."

Singulis diebus ist zu erklären nach S. 32, 7 et remansisse
imaginem ipsius ibi, quae singulis temporibus adoratur = zu bestimmten Zeiten. Die singuli dies sind wohl solche, wie die c. 39
erwähnte Festzeit, innerhalb welcher die Sarazenen durch religiöse
Gebote verpflichtet waren Frieden zu halten, ein Schutz der Pilger
also nicht nötig war. Die Verbindung praeter singulis diebus will
uns freilich hart bedünken, indem auf praeter nicht ein davon ab-
hängiger Kasus, sondern eine Zeitbestimmung folgt; aber ebenso
schließt sich 14, 15 an praeter eine Ortsbestimmung an: nam Hierosolima aquam vivam non habet praeter in Siloa fonte. Praeter
ist hier = praeterquam wie in der in den Dicta abbatis Pirminii
c. 22 S. 176 zitierten Bibelstelle, Ex. 22, 19: qui immolaverit diis
occiditur, preter domino soli, während die Vulgata praeterquam hat.

Dieser adverbiale Gebrauch von praeter findet sich übrigens schon im klaffischen Latein, z. B. Sall. Cat. c. 36: ceterae multitudini diem statuit, ante quam sine fraude liceret ab armis discedere praeter rerum capitalium condemnatis. Erschwert wird das Verständnis der ganzen Stelle dadurch, daß in der Verbindung singulis diebus das Wort singuli in anderem Sinn gebraucht ist wie in singulas equas Saracenas. Ferner ist habentes wirkliches Particip (es kann wie das griech. ἔχων im Deutschen durch „mit" überfetzt werden und wird dann durch cum ipsis wieder aufgenommen) und dem discurrentes, welches für das Verbum finit. steht, untergeordnet.

Im folgenden antiquorum timorem macht R, um wenigstens eine Konstruktion herzustellen, aus timorem den Ablativ, während G getreu die fehlerhafte Überlieferung ohne einen Besserungsversuch wiedergibt. Gildem. schlägt S. XXI mit großer Zuversichtlichkeit vor: at quorum timore; aber abgesehen davon, daß sich in unserer Schrift zwar oft sed, autem, vero, aber nie at findet, kann von at schon deshalb keine Rede sein, weil es sich mit dem Relativum nicht verträgt. Es kann keinem Zweifel unterliegen, daß herzustellen ist ante quorum timorem non exagitantur Saraceni. Ähnlich ist der Gebrauch von ante S. 27, 6: venientes ad speluncam, ubi absconditus fuit Elias, quando fugit ante Jezabel (dagegen Silvia S. 40, 5: nam hic est locus Choreb, ubi fuit s. Helias propheta, quando fugit a facie Achab regis) und Theodosius §. 33: quando fugiebat ante Saul. Elias flieht also gleichsam vor der hinter ihm folgenden Jesabel her; ebenso werden die Sarazenen in die Flucht gejagt, so daß sie vor der Furcht herfliehen, welche die verfolgenden Pharaniten verbreiten. Mon. Germ. Hist. XV, 1 p. 11, ex miraculis S. Germani: ante suos fugere compulsus est hostes; p. 12, e. 12 ante nudos ac pene inermes atque paucissimos homines in fugam versus est, dagegen c. 7: a facie Normannorum fugere coeperunt. Ebenso beginnt ante Antonin S. 24, 14 ante rugitum illius omnes animales, quos habuimus, minxerunt aus der noch deutlich erkennbaren lokalen in die kaufale Bedeutung überzugehen. Übrigens ist dieser Gebrauch von ante nur das Gegenstück zu der von Bonnet p. 591 besprochenen Verwendung von post: „Un emploi qui paraît être tout à fait étranger à la langue ancienne c'est post avec des verbes comme ire etc. signifiant à la poursuite de, vers, comme quand nous disons courir après quelqu'un: h. Fr. 2, 1 p. 60, 15 vade post eum; h. Fr. 2, 42 p. 94, 13 post Gundobadum abiit; h. Fr. 4, 2 p. 142, 20 misit post eum cum muneribus; h. Fr. 4, 16 p. 154, 10 cum exercitu post eos dirigens. So steht denn auch bei Antonin 5, 17 revertentes post nos und 9, 13 Jordanis cum rugitu redit post se die Präposition post in lokalem Sinn auf die Frage „Wohin?"

29, 17.

Nam exeuntes de ipsa civitate fores (foris R, a foris G) illi serant (serrant G illis erant R) et claves tollunt (tollent R G) secum.

Et illi, qui sunt ab intus, similiter faciunt propter insidias Saracenorum, quia nec habent, ubi exeant foris praeter coelum et arenam
(harena R).

Unbegreiflich ist, wie Gilbem. foris (R, a foris G) in fores
ändern konnte, was „die Thüre" heißen soll; aber fores kommt im
Spätlatein nicht mehr vor, sondern nur ostium oder porta. So steht
denn auch foris bei Diez, Gramm. b. Rom. Spr.[5] p. 39 (Haus) in
dem Verzeichnis der in den roman. Sprachen abhanden gekommenen
latein. Wörter. Daß foris Adverb. ist, sieht man nicht nur aus
G a foris, sondern auch aus den unmittelbar folgenden Worten ubi
exeant foris, sowie aus dem Gegensatz abintus. Da a foris nur auf
die Frage woher oder wo steht (Hamp, Die zusammengesetzten Präpositionen im Lateinischen, Archiv V, S. 344 f.), so ist nicht zu verbinden exeuntes a foris, sondern a foris illi serrant „sie sperren von
außen zu". Denselben Gegensatz von a foris und abintus haben wir
auch bei Gregor v. Tours h. Fr. I 32 p. 50, 1 ab intus de minuto
lapide, a foris vero quadris sculptis fabricatum fuit; Form. Sen.
Addit. p. 227, 7: aforis turpis est crusta, ab intus miga nimis est
fusca; Expositio fidei saec. VI vel VII bei Caspari, Kirchenhist.
Anecdota S. 286: multi sunt, qui a foris videntur humiles, intus
autem pleni sunt tumore superbiae; im Gegensatz zu infra steht es
Cart. Sen. 16, p. 191, 27: tam infra civitatem quam et a foris;
forinsecus — abintus Mon. Germ. h. II 262, 16 u. 20, Pauli Gesta
episc. Mettens. Daß mit aforis gleichbedeutende deforis findet sich
auch Antonin S. 13, 14: in quo monumento deforis terra mittitur.

Deforas, das nach Hamp S. 345 uns nur als Präposition erhalten ist, ist im Breviarius (Gilbem. 34, 20) als Adverb verwendet:
et caelum desuper aureum et deforas habet cancellum.

30, 1.

In quo loco est castellum modicum (-llus -cus G), quod (qui R
quae G) vocatur Surandala, nihil habens (habet G habent R) intus
praeter ecclesiam et duo xenodochia (duos exsenodochia G).

Da G und R nur zwischen habet und habent schwanken, da
ferner gerade die 3. sing. und plur. in den Handschriften Antonins
oft verwechselt sind, so ist wohl mit G habet zu schreiben. Die
asyndetische Zusammenstellung wie 30, 5: et illic similiter castellum
modicum, infra se xenodochium. Dies habet scheint = il y a zu
sein, und aus diesem Grund hat auch β gebessert est etiam infra ipsum
castellum ecclesia cum synodochio. Dieser Vulgarismus wiederholt
sich S. 19, 4: inter sepulchra habet continuo gressus viginti, wo R
schreibt habent, β aber et infra sepulchra sunt gressus XXVI. Itin. Burd.
p. 19 et habet in ipsa cripta ad latus deorsum descendentibus nomina
suprascripta; Theodos. § 65: ibi habet dactulum Nicolaum maiorem;
§ 73 duodecim milia habet de Sarapta usque in Sidona, und ganz
ähnlich bei Silvia, vgl. Wölfflin, Archiv IV, 271. Hist. Apollon.

36, 2 habet annos quindecim, ex quo. Vgl. auch Sittl, die lokalen Verschiedenheiten S. 62. Hic habit reliquias steht in einer christ= lichen Inschrift des 10. Jahrhunderts aus Châlons sur Saône bei Le Blant, Inscriptions Chrét. I p. 30.

30, 5.

Et illic similiter castellum modicum, intra (infra R, infra se G) xenodochium (exenodochius G); β hat wieder cum synodochio. Die Vertauschung von infra und intra ist in der späteren Latinität eine so allgemeine, daß uns nichts berechtigt, die Überlieferung zu korri= gieren, vgl. Bonnet p. 587 f., woselbst auch weitere Literaturangaben. An dem neben infra stehenden Reflexiv=Pronomen se, das uns nur G erhalten hat, nahm schon R Anstoß und ließ es deshalb weg. Der gleiche Anlaß führte wohl die Änderung in β herbei; kein Wunder, daß auch Gildemeister diesen Vulgarismus, für dessen Er= haltung wir G dankbar sein müssen, tilgte. Aber dieser Gebrauch des Reflexivums für die entsprechenden Formen von is ist auch sonst nicht ohne Beispiele. Wie schon früh bei vulgären Schriftstellern suus für eius gebraucht wurde (vgl. meine Beiträge zur Kenntnis des gallischen Lateins, Archiv II S. 35 f.), wie in der Vulgata in innerlich abhängigen Nebensätzen häufig eum für se gebraucht wird (siehe Kaulen S. 141 und Bonnet p. 694 s.), so kommt, nachdem einmal die Unsicherheit eingerissen war, wenn auch viel seltener, der entgegengesetzte Fehler vor. Am häufigsten findet sich diese Ver= tauschung im Apollonius=Roman (vgl. Thielmann, Über Sprache und Kritik des Apoll.=Rom., Progr. v. Speier 1881, S. 29). Im libellus de Constantino hat gar sibi für ei — denn für den Dativ finden sich weitaus die meisten Belege — über letzteres bereits das Übergewicht erlangt; doch findet sich daneben auch secum -- cum eo. Sibi = ei ist auch im Anon. Vales. p. 298, 24 im cod. M über= liefert: sic sibi per circuitum placuit omnibus gentibus (vgl. auch C. Frick, Comment. Wölfflin. S. 349); Vita S. Galli M. G. H. II p. 7, 21 igitur fraternalis manus domicilia sibi (= ei) illic prae- paravit; Gesta abbat. Fontin. p. 274, 30 quae largitione clari regis Dagoberti sibi (= ei) indulta fuerat. Secum = cum eo Ratp. casus s. Galli p. 65, 18: qui secum soliti erant commorari.

Theodosius §. 54 hat die weitaus beste Handschrift P und mit ihr V: et ubi ipsa arca est, tenduntur super se papiliones, während Gb diese Eigentümlichkeit verwischt und dafür bietet superextenditur tentorius. Eine andere Stelle aus Theodosius wird von Rönsch, Semasiologische Beiträge zum lateinischen Wörterbuch, II. Heft, Leipzig 1888, S. 48 citiert: se = Demonstrativum, Theodor. de Situ terr. sanct. c. 7 (= Theodosius ed. Gildem. §. 45). Gildem., der §. 54 das Reflexivum unangetastet gelassen hat, schreibt hier: Ibi est ecclesia sanctae Sophiae. Iuxta missus est sanctus Hieremias in lacum, obwohl die älteste Handschrift P und G iuxta se haben.

Cod. W, von dem Gildem. in der Einleitung S. 6 sagt: „Er be=
handelt den Text sehr frei, indem er den historischen Notizen eine
stilistische Überarbeitung angedeihen läßt," ändert se missus in remissus.
Viele Beispiele finden sich endlich bei den Gromatikern, z. B. p. 320, 14:
sub se (nämlich casam) alveus currit; 320, 28: super se autem
iugalis finis excurrit; 321, 13: sub se in campo limes excurrit;
321, 28: subter se autem casales multos invenies; 334, 13: sub
se fluvius currit; Hrab. Maurus, comm. in Matth. (ed. Köberlin,
Progr. v. Augsburg 1891) p. 36: Cur recordatur Bethsabee? id
est propter Salomonem nascentem a se. Non meruisset Salomon
nasci a se, nisi David paenituisset.

30, 6.

Hier ist durch sinnwidrige Interpunktion Gildemeisters der Zu=
sammenhang gestört: Et inde venimus ad ripam in locum (ad locum
ad ripam G), ubi transierunt filii Israel, ubi exierunt (et ex. G) de
mari (mare R G). Est oratorium Eliae, et transcendentes in locum,
ubi intraverunt in mare, ibi est oratorium Moysi. Gildem. übersetzt:
„Von da kamen wir am Ufer an die Stelle, wo die Kinder Israel
hinübergingen, wo sie aus dem Meere heraustraten. Es ist die
Kapelle des Elias, und hinübersetzend an die Stelle, wo sie in das
Meer eintraten, ist die Kapelle Mosis." Die beabsichtigte Nach=
ahmung des schlechten Stils Antonins führt hier zu Unverständlich=
keit. Unmöglich kann man die beiden sich widersprechenden Sätze
verbinden „die Stelle, wo die Kinder Israel hinübergingen, wo sie
heraustraten", und diese Stelle („es" kann sich doch nur darauf
beziehen) soll nun gar die Kapelle des Elias sein! Auch ist mit G
zu schreiben ad locum ad ripam nach 29, 22 ad locum ad LXX
palmas. Somit ist mit verbesserter Interpunktion zu lesen: Et inde
venimus ad locum ad ripam, ubi transierunt filii Israel. Ubi
exierunt de mare, est oratorium Eliae; et transcendentes (= tran-
scendentibus wie in der oben besprochenen Stelle 11, 16) in locum,
ubi intraverunt in mare, ibi est oratorium Moysi. „Und von da
kamen wir an die Stelle am Ufer, wo die Kinder Israel herüber=
kamen. Und wo sie aus dem Meere herauskamen, ist die Kapelle des
Elias; und wenn man hinübersetzt an die Stelle, wo sie in das
Meer hineingingen, so liegt dort die Kapelle des M.".

30, 15.

Illic accepimus nuces plenas virides, quae de India veniunt,
quas de paradiso credunt esse homines (homines esse G β). Cuius
gratia talis est: quanticumque gustaverint, satiantur. Gildem. über=
setzt unrichtig: „Ihre Gnadengabe ist die," da cuius sich doch nicht
auf nuces, sondern nur auf paradiso beziehen kann.

5

30, 20.

Qui fundunt (fundent R G β) unguentum, quod oleum petrinum appellant, quod (G R β qui) pro grandi benedictione tollitur (fehlt in G). Vas, quo (qui G, quod R) portatur, si (et R G, si β) impletum fuerit, et volueris retemptare (reiterare G β) ad tollendum, non iam id (eum G R β) recipit nec tenet (tenit G). In quem locum (quo loco R G) quanticunque pertingere potuerint, omnes salvantur. Quod (quem R G) tollentes pro benedictione u. f. w.

Gilbemeister hat das von allen Handschriften überlieferte qui in quod geändert, ferner eum in id und endlich quem in quod. Die Übereinstimmung, mit welcher die Handschriften die Maskulinform der auf den Akkusativ oleum sich beziehenden Pronomina bieten, ist ein sicherer Beweis dafür, daß Antonin oleus als Maskulinum gebrauchte, eine Form, die durch fünf Stellen der lateinischen Oribasius= Übersetzung und eine aus Apicius aufs beste beglaubigt ist (Appel p. 87 und Georges). Übrigens wäre die Änderung von eum in id auch dann nicht zu billigen, wenn oleum Neutrum wäre; denn S. 14, 12 et iactas melum aut aliud quod potest natare et vadis in Siloa fontem et ibi eum suscipis ist eum sicher als Neutrum gebraucht, aber inkonsequenterweise von Gilbem. nicht geändert worden. Der Grund dafür ist der, daß sich die einsilbige Form id nur in bestimmten Verbindungen, wie id est, halten konnte (vgl. Haußleiter, De versionibus Pastoris Hermae Latinis, Erlangen 1884, p. 46 s.). Bonnet p. 383 sagt geradezu: L'accusatif neutre est ‚eum'. Vgl. auch Stünkel, Verhältnis der Sprache der Lex Rom. Utin. zur schulgerechten Latinität S. 611. Die Ergänzung von si, das also in der Vorlage von R und G gefehlt hat und durch et ersetzt wurde (portatur schließt mit r, das dem s sehr ähnlich sieht, das nächste Wort beginnt mit i, wodurch der Ausfall von si sich leicht erklärt) aus β ist zu billigen. Da ferner in G und β reiterare überliefert ist, so ist retentare in R entweder ein Schreibfehler oder ein Besserungsversuch, der gar keine Berechtigung hat; denn retentare ad tollendum kann unmöglich heißen „abermals zu schöpfen versuchen", wie Gilbem. übersetzt; es müßte wenigstens tollere heißen. Reiterare ist nicht von iterum abzuleiten, sondern von iter und bedeutet soviel als redire. Das Verbum iterare reisen, wandern kommt auch in den lang. Gesetzen vor, vgl. Du Cange und Pott, Plattlat. Elem. in den lang. Ges., Kuhns Zeitschrift XIII S. 81: „p. 72 (der Ausg. von De Vesme) si hominem eterantem (iterantes p. 143); von iter statt itinerantes, Salv. wandernd, nicht zu iterare von iterum; auch franz. errer reisen daher": Homo iterans steht Ed. Roth. 300; iterantes Cap. Pipp. a. 789, c. 4, M. G. H. III, p. 70, 26. Vita Corbin. ed. Riezler c. 12, p. 41 more iterantium ad litus cucurrens; c. 7, p. 36 eadem die perficere minime potuit iterando, denn so ist mit Tilgung des sinnwidrigen Kommas vor iterando zu verbinden. Siehe auch Rönsch, Semasiol. Beitr. III, S. 54: „Gloss. Philox. p. 124, 46 iterat ὁδοιπορεῖ. Auch bei Venantius Fortunatus und Columban soll dieses iterare vorkommen."

31, 5.

Quod (quem R G) tollentes pro benedictione non eum (eam G) permittit (permittunt β) iterum exire (it. exire fehlt in G, iterum introire β) per (de G) Clisma, sed commiscetur (commiscitur R G) cum oleo. Nam et (et fehlt in G β) si non adulteraretur, credo, quia ipsam virtutem semper operaretur.

Die Stelle leidet an einer schweren Korruptel, was deutlich aus der Übersetzung Gildemeisters hervorgeht: „Wenn jemand dies (Steinöl) zur Segnung schöpft, so läßt es ihn nicht wieder über Clisma heraus= gehen, sondern es muß mit Öl vermischt werden. Wenn es nicht verfälscht würde, so glaube ich, daß es seine Kraft immer ausüben würde". Abgesehen davon, daß die Worte „so läßt es ihn nicht wieder über Clisma hinausgehen", ganz sinnlos sind, heißt einerseits commiscitur nicht „es muß vermischt werden", andrerseits ist nam, das von Gildem. in den Text aufgenommene et und ipsam gar nicht übersetzt. Der Fehler steckt hauptsächlich in iterum und permittit und ist also zu emendieren: Quem tollentes pro benedictione non eum permittunt integrum exire de Clisma, sed commiscitur cum oleo. Nam si non adulteraretur, credo quia ipsam virtutem semper operaretur. „Diejenigen, welche es zu gesegnetem Gebrauch holen, lassen es nicht unverfälscht von Clisma abgehen, sondern es wird dort mit Oel gemischt; denn wenn es nicht gefälscht würde, würde es, glaube ich, immer das nämliche Wunder wirken". Die Richtig= keit des von mir vorgeschlagenen integrum geht aus dem Gegensatz si non adulteraretur deutlich hervor. Permittunt (β) für permittit ist eine leichte Änderung, da öfters in unserer Schrift die 3. sing. und plur. verwechselt sind. Commiscitur ist vielleicht von commisco abzuleiten, vgl. Virg. Maro Epit. X, 10 tamen in sese commiscuntur; miscunt und miscam sind durch Sulp. Sev. chron. 2, 39, 5 und Ven. Fort. Vita Mart. 1, 39 (Georges) bezeugt.

31, 9.

Nam liquor ipsius unguenti tenet continuo per milia duo. Odor quidem sulphureus. Qualisvis enim tempestas maris sit, intra (infra R G) littore illo sic stat. (Infra liquorem illum R, infra litore illo, aber verbessert in ligore illo G.)

Nach seinen p. XXIV auseinandergesetzten Grundsätzen müßte Gildem. korrigieren litus illud; aber das einhellig überlieferte li- quore (m) ist nicht zu ändern, weil der Schreiber von G einen lapsus calami beging, den er noch dazu wieder korrigierte „innerhalb des Bereichs jener Flüssigkeit". Gildem. übersetzt: „denn die Flüssig= keit des Fettstoffes hält in der Linie zwei Meilen den Geruch; der Geruch ist nämlich schwefelartig". Dies kommt so heraus, als ob die Wunderkraft des Öles auf seinem Geruch beruhe; nam ist viel= mehr = δέ, wie sonst enim, z. B. 22, 7, an unserer Stelle 31, 9. 32, 6 u. 17; vgl. Kalb, Juristenlatein 63. Mit Unrecht ist neuerdings wieder (von Schmalz, Lat. Syntax in J. Müllers Handbuch II, S. 309 nach dem Vorgang von Sittl, die lokalen Verschiedenheiten der lat. Sprache S. 139, diese Verwendung von enim als eine Eigen= tümlichkeit des afrikanischen Lateins bezeichnet werden, da die ältesten und zahlreichsten Beispiele dafür sich bei nichtafrikanischen Schrift= stellern finden, so schon bei Silvia, vgl. Wölfflin, Archiv IV, 276 und Bonnet p. 318. Auch quidem darf nicht mit nämlich übersetzt werden, sondern bedeutet „und zwar"; eine weitere Bestimmung des Öles wird nachgeholt, wie 12, 4: semper nubes obscura descendit, odor sulphureus.

Tenet ist intransitiv gebraucht, ohne daß ein Objekt dazu zu ergänzen wäre = „das Öl hält sich über dem Wasser auf eine Strecke von 2 Meilen", wie Anthim. praef. p. 8, 1: in fabrica domus parietis, si calcem et aquam quis tantum temperaverit, quan- tum ratio poscit, ut spissa sit ipsa mixtio, proficit in fabrica et tenet (= hält), si autem satis (= zu viel) aqua missa fuerit, nihil proficit. So wird ja bekanntlich schon bei Livius tenere intr. ge= braucht, z. B. III, 47, 6; andere Stellen bei Georges, S. 2747.

31, 13.

Exinde venimus per eremum ad speluncam beati Pauli hoc est Syracumba, qui (G quae) fons usque hactenus rigat.

Der hier gemeinte beatus Paulus kann kein anderer sein als der Eremit Paulus von Theben, welcher nach Hieronymus, der sein Leben beschreibt (Tom. II, Opp. Hier. p. 1 ss. ed. Vall.). in einer unent= deckbaren Felsengrotte von seinem 16.—113. Jahre lebte, von keinem Menschen gesehen. Um die Glaubwürdigkeit seiner Erzählung, daß ein Palmbaum dem Paulus zugleich Speise und Kleidung verschafft habe, außer Zweifel zu setzen, ruft Hieronymus Jesum und seine heiligen Engel zu Zeugen an (Vita s. Pauli erem. c. 5), daß er in derjenigen Gegend der syrischen Wüste, welche an die Sarazenen stoße, Mönche gesehen habe und noch sehe, von denen der eine dreißig Jahre hindurch eingeschlossen von Gerstenbrot und kotigem Wasser gelebt habe, der andere aber „in cisterna veteri, quam gentili ser- mone Syri „gubbam" vocant, quinque caricis per singulos dies sustentabatur. (Vgl. auch Du Cange s. v. Cuba). Da dies Wort nur hier und in der Auslegung zu Jeremias c. 6 vorkommt, so ist dem Antoninus die vita s. Pauli des Hieronymus wohl bekannt ge= wesen; denn ich stehe nicht an dies syrische Wort gubba, guba oder cuba in dem sichtlich korrupten hoc est Syracumba = h. e. Syriace cuba wiederzuerkennen. Auch in der oben bereits besprochenen Stelle S. 25, 6 ff. ist der Anklang an eine Stelle der Vita S. Pauli un= verkennbar: Cuius afflictionem et ploratum nulla potuimus ratione consolare. Tantum dicebat: Vae mihi misero, cuius causa me christianum dico, wenn wir damit die Worte des h. Antonius zu= sammenhalten, die er nach der Rückkehr von seinem Besuch beim h. Paulus spricht, Opp. s. Hieronymi, Paris 1706 t. IV p. 73: Tandem fatigatus et anhelus ad habitaculum suum confecto itinere pervenit. Cui quum duo discipuli, qui ei longo iam tempore ministrare consueverant, occurrissent dicentes: Ubi tamdiu moratus es, pater? respondit: Vae mihi peccatori, qui falsum monachi nomen fero.

31, 17.

In proximo catarractarum ex utraque parte Nili sunt duae civitates, quas dicunt filias Loth fabricasse. Nun hat G fabricassent, R quas dicunt filiarum Loth, β quas aedificasse dicunt filias Loth. Die beiden letzteren Lesarten erweisen sich ganz deutlich als Korrekturen der in G vorliegenden Überlieferung, indem der Übergang aus dem Acc. mit Inf. in den Konjunktiv Anstoß erregte. Nun ist aber die= selbe Konstruktion in G auch S. 32, 6 überliefert:

Ibi enim vidimus pallium (G palleum) lineum, in quo est effigies (officius R) salvatoris, quem dicunt tempore illo tersisse (tersisset G) faciem in eo et remansisse imaginem ipsius ibi (remansisset imago ipsius ibi G). Ähnlich 20, 15: Suauitudo ad bibendum innarabilis, dicitur eo quod s. Maria fugiens in Aegyptum in ipso loco sedit et sitivit et sic egressam ipsam aquam, dagegen G egressa esset ipsa aqua. Dieselbe Konstruktion findet sich auch bei Lucifer von Cagliari (Archiv III, S. 50), bei Gregor von Tours (Bonnet p. 669), in den leges Langobardorum (Bluhme, die Sprache der Langob. S. 42), in der Vita Wandregis. p. 32, 1: suadebat ei virtutem magna habire mercedem, et qui hic in una carne coniuncti fuerant, in gloria sanctorum sine fine copularentur; in Arbeo's Vita S. Emmerammi, ed. B. Sepp, Brüssel 1389, c. 9 p. 20: in stupro se esse deprehensos insinuant ac nullo modo cruciatus possent evadere. Auch die Form palleum (G) ist in den Text zu setzen, da sie als vulgär von Charis. 71, 1 ausdrücklich bekämpft wird. 27, 19 ist sie in Bt überliefert. Übrigens ist palleum als Akkusativ von palleus zu fassen, da fortgefahren wird: qui (R quem G) singulis temporibus adoratur, quem adoravimus et nos. Gilbem. korrigiert quae — quam und läßt mit R et nos weg, obwohl auch die Handschriften der 2. Klasse teils et nos, teil sed nos (wegen des vorausgehenden s) haben, und et nos so unentbehrlich ist, daß Gilbem. S. 61 unwill= kürlich übersetzt: „auch wir verehren es". Vgl. auch S. 12, 20 et nos accubuimus pro benedictione und S. 17, 4 in qua multi pro benedictione bibunt aquam et ego bibi.

32, 14.

In ipso stagno vidimus multitudinem corcodrillorum, ächt vulgäre Form, vgl. Georges und ital. coccodrillo.

33, 2.

Evidenter occulata fide vidi beatam Euphemiam per visionem et beatum Antonium quomodo venerunt (venerant R., venerint ? G) et (om. G) sanaverunt me. Gilbem. überfeßt „Ich faß im Geficht (richtiger wäre Traum) die fel. Euphemia und den f. Antonius, wie fie kamen und mich heilten". Es hätte aber notwendig erzählt wer= den müffen, daß er diefe Heilung nicht nur im Traum fah, fondern daß fie wirklich erfolgte; denn aus den folgenden Worten: Egressus de Hierosolima descendi Joppen geht hervor, daß er unmittelbar darauf gefund war. Da nun et vor sanaverunt in G fehlt, fo ift nach Antonium Punkt zu feßen. Quomodo venerunt, sanaverunt me. Quomodo ift temporale Konjunktion, wofür ich Beifpiele gefammelt habe in meinen „Krit. Bem. zu Silvia" S. 37, zu denen ich noch folgende nachtragen möchte: Anthimus 36. 41. 49. 76 (fiehe den Index von Rofe); Form. Arv. (Zeumer) 1, 6, p. 28, 25 ut, quo-modo mihi necessarium fuerit, causellas meas revocent, dagegen zwei Zeilen weiter: quando volueritis et malueritis et mihi neces-sarium fuerit, Cart. Senon. 3 p. 186, 29: et quomodo ipsi anni transacti fuerint. cautionem meam per manibus recipiam; ähnlich 48 p. 206, 24 und p. 209, 25. Dicta abbatis Priminii c. 7 in. bei Caspari, Kirchenhiftorifche Anecbota, Chriftiania 1883, I S. 154: Sed quomodo vidit deus, quod totus mundus periret, misertus est humano generi. Dazu kommt endlich noch ein Bibelzitat bei Lucif. Cal. Athan. I, 34 aus 1. Reg. 8, 29: et factum est, quomodo (ώς LXX) tempus erat. ut accenderet sacrificium, angeführt von Rönfch, Itala u. Vulgata S. 403.

33, 5.

Ibi iacet sancta Tabitha quae Dorcas fchreibt Gilbem. mit R, während G hat que et torcas dicitur, β quae dicitur Dorcas. Höchft wahrfcheinlich überliefert G das Richtige nach 33, 6: Deinde veni Caesaream Philippi, quae turris Stratonis, quae et Caesarea Palae-stinae (Palaestinis G) vocatur. Die Lesart von β klingt mehr an Vulg. act, ap. 9, 36 an: In Joppe fuit quaedam discipula Tabitha, quae interpretata dicitur Dorcas. Wenn dicitur wirklich nur Er= gänzung eines Abfchreibers wäre, dann müßte wenigftens et vor Dorcas ftehen, fiehe Bonnet p. 302 nebft Anm. 5.

34, 2.

Et descendentes venimus in civitatem Barbarissum. Da in G fteht et discendentes nos inde venimus in civitate Barbarisso, und auch β hat et inde venimus in civitate Barbarisso, fo ift inde in den Text aufzunehmen. Aber auch nos ift wahrfcheinlich richtig. Auch Silvia gebraucht öfters das Pronomen perfonale, wo es eigent= lich überflüffig ift, z. B. S. 36, 2: ipsam ergo vallem nos traversare habebamus unb 45, 11 : et inde nos iam iter nostrum, qua veneramus, reversi sumus. Die Beifügung eines unbetonten Pron. Perf. ift auch bei Schmalz Lat. Synt., Hdb. II, S. 249 als eine Eigentümlichkeit der Volksfprache bezeichnet.

34, 7.

Et decem et octo milia intus inter Saracenos in eremo requiescit sanctus Sergius. G hat intus in heremo inter Saracenos, unb diefe Stellung verbient als die regelmäßige ben Vorzug nach 9, 6 intus in aqua; 30, 18 intus autem in pelago unb 31, 10 intus in basilica.

Index.

*

L.

Labor Felbarbeit, Grundſtück 61.
lapis Femin. 47.
latitia 27.
lavare reflexiv 18.
lavavi 10.
lectum, Plur. lecta, lectula 31.
lignus 32.
loca (per) überall 13.
longe a 35.
longitia 27.

M.

Maeror Femin. 47.
maris = mare 21. Genus 47.
maritima, ae 8.
marmor Femin. 47.
martyra 49.
Masculina auf us ſtatt Neutra auf
  um 32.
matutinae, matutini 28.
Mediale Partizipien mit Objekts=
  akkuſativ 45.
medius = dimidius 44.
melum 41.
mensuram tollere 48.
mergere reflexiv 18. 19.
mersat durch Vermutung für versat
  gewonnen 20.
ministerium = vasa sacra 28.
minuere reflexiv 18.
mirabiliae 11. 32.
miraculum, Plur. miraculae 11. 32.
misco 67.
missus Medial 57.
mitto = pono 3. = relinquo 3.
modius, Plur. modia 30. 31.
monachus 14.
monasterius, Plur. monasteria 33.
montana 4.
monumentus 33. Bedeutung 51.
mons Femin. 10.
movere reflexiv 18 und 20 Anm.
mundare 23.
murmorantia 46.

N.

Nam = δέ 40. 68.
Neutra auf um ſtatt Masc. auf us 30 f.
Nominativ abſoluter 9. 28.
nuncupans reflexiv 21.

O.

Oculata fide 54.
offerre 43.
oleus 43. 66.
opobalsamum 29.
opus Bauwerk 46.
oratorius 33.

P.

Palaestinis Genet. 49.
palleus 69.
paramitia 27.
partes = fines 57.
Partizipien ſtatt der Verba finita 25.
pausticum vinum, Vermutung für
  potiscon 36.
pelagus 22.
per mit Abl. 4.
per circuitum 16. p. directum 7.
  p. gyrum 16. per loca 13.
perdicere 38.
perexire 22.
Perſonalpronomen unbetontes 70.
pertransire 22.
pes montis 14.
petiebant 3.
phasiolus, Plur. phasiola 32.
pice Nom. Sing. 40.
pitulus 55.
platea 25.
populi = homines 45.
porticus, i 37. Mascul. 59.
post mit Abl. 4.
post bei Verben des Gehens und
  Verfolgens 62.
potens reich 6.
poteus, Plur. potea 31.
potus überliefert, wahrſcheinlich poteus
  zu emendieren 39 Anm.
praesepius 33.
praestavi 10.
praeter Adverbium 61.
praeturius 33.
pro mit Akkuſ. 5.
procedit crux profertur 28, procedunt ministeria ib.
Prolepſis des Subjekts im indirekten
  Frageſatz 43.
proximo (in) 27.

Q.

Qua = quae Neutr. Plur. 56.
quadrangulis 46.
quae et mit Ellipſe von dicitur 70.

quanticunque = quotquot 65.
quartarius, Plur. quartaria 31.
quasi = ut 58.
qui = quae 10.
quomodo = cum temp. 70.

R.

R für s verschrieben 19. 35.
radix Mascul. 47.
recessa Plur. 32.
reclausus 37.
rediit = redit und ähnliche Ver=
    wechslungen 16.
reficere reflexiv 21.
Reflexiver Gebrauch transitiver Verba
    18 ff.
Reflexiv=Pronomen für die entsprechen=
    den Formen von is 64.
reiterare   reverti 66.
residere von Sachen gebraucht (crux,
    domus residet) 11.
respicere ad occidentem 50.
retransire 22.
revolvere reflexiv 20 Anm.

S.

S am Schluß abgefallen oder unrichtig
    angehängt 2.
scindo reflexiv 20 Anm.
sculpire 51.
secare   metere 35.
sedere von Sachen 11.
senodochius, Plur. senodochia 33.
sepultura = sepulcrum 13.
sextarius, Plur. sextaria 31.
sibi, se = ei, eum 64.
siccare reflexiv 19 Anm.
siclus = situlus 17.
signus 33. 46.
solius, aber Plur. solia 33.
sonavi 10.
species Schmuck 46.
spiritus, Plur. spiritua 32.
sportella 44.
status = statura 50.
studius 2. 33.

sub mit Aff. statt Abl. 4.
subsistit unpersönlich = adest 60.
sudarius 33.
Suffia 27.
susum = sursum 17.
Synesis des Numerus 20.

T.

Tamquam, tam — quam 58.
tenere intranf. 68.
territorius 34.
terror Femin. 47.
Theodote 49.
tollus 23.
tondo 30.
trea = tria 17.
turre Nom. Sing. 40.

U.

Unde = per quod 25.
ut mit Indikativ 44.

V.

Valle Nom. Sing. 40.
vellus, oris 54.
vinea = vitis 13.
vinus 33.
viri virtutum Wunderthäter 13.
virtus = miraculum 11 f.
viva terra, petra 16.

W.

Wandalorum religio 19.
Wo? statt Wohin? und umgekehrt 4.

X.

Xenodochius, siehe senodochius.

Z.

Zeitbestimmung am Anfang des
    Satzes 56.

Verzeichnis kritiſch beſprochener Stellen.

www.ingramcontent.com/pod-product-compliance
Lightning Source LLC
Chambersburg PA
CBHW032245080426
42735CB00008B/1004